ANIMAL AÈRE

ADULTE COLORIAGE
ANIMAUX EDITION

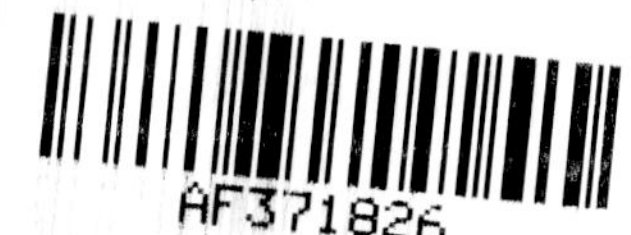

Coloring Bandit

Publié par Speedy Publishing Canada Limited

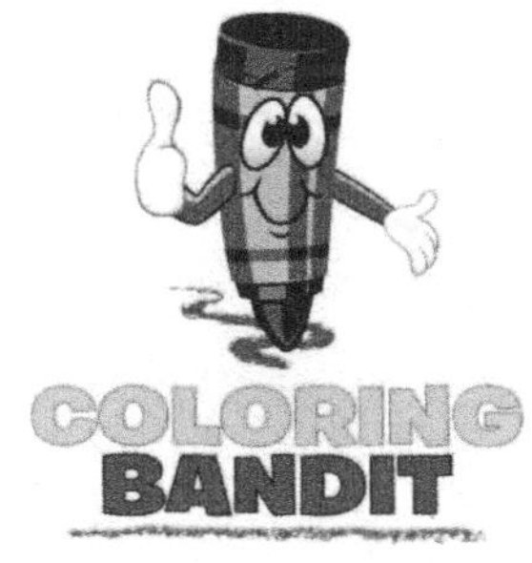

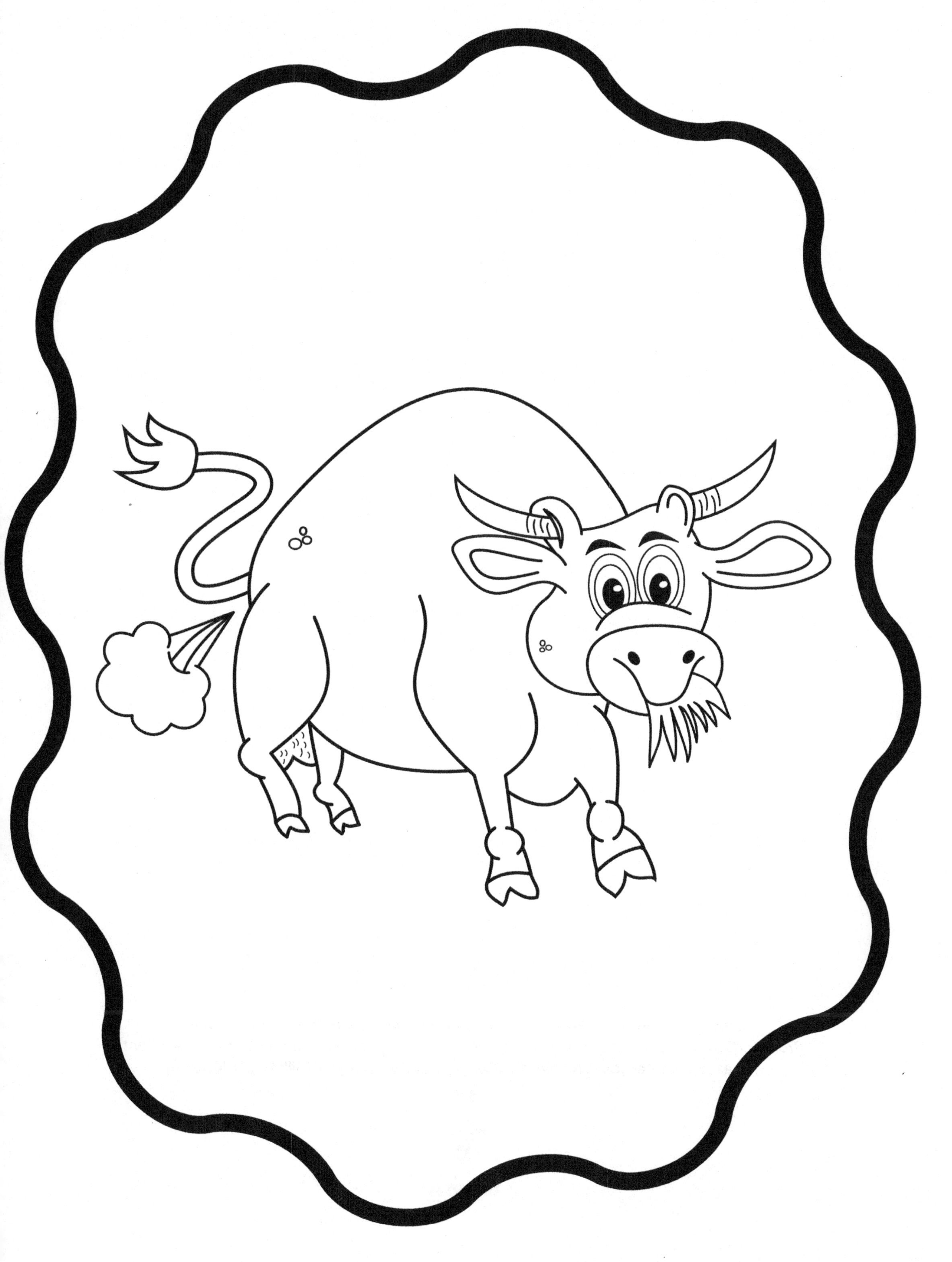

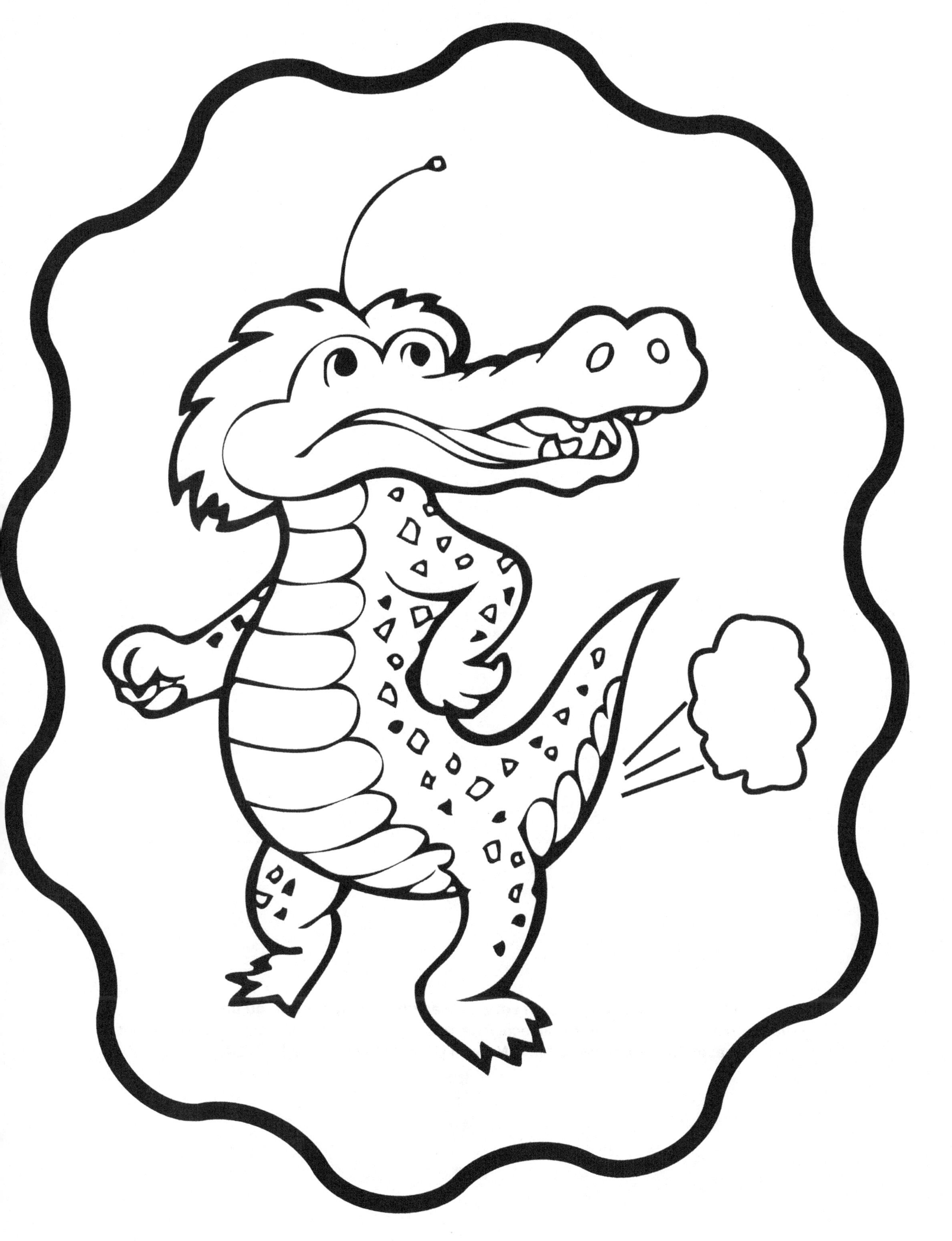

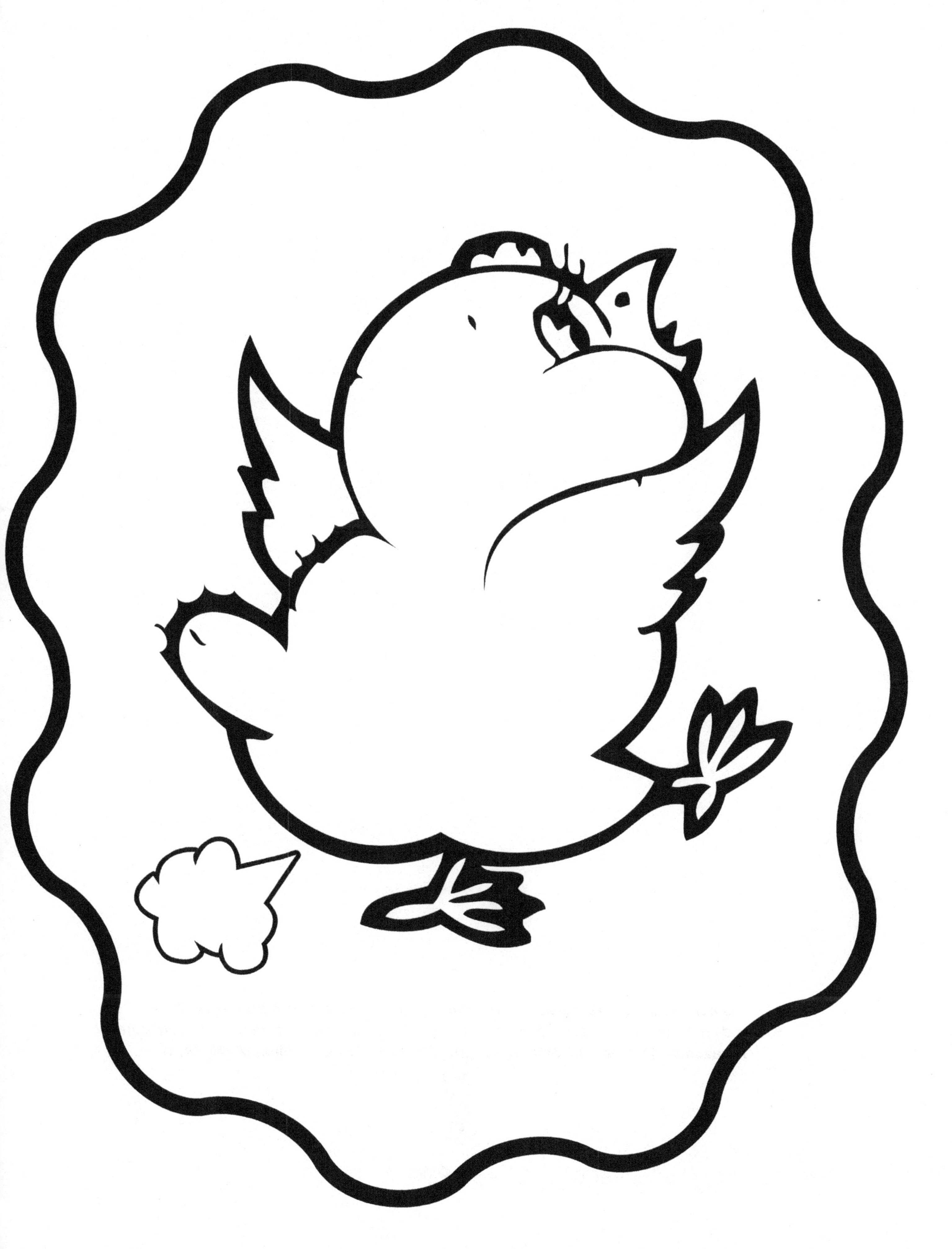

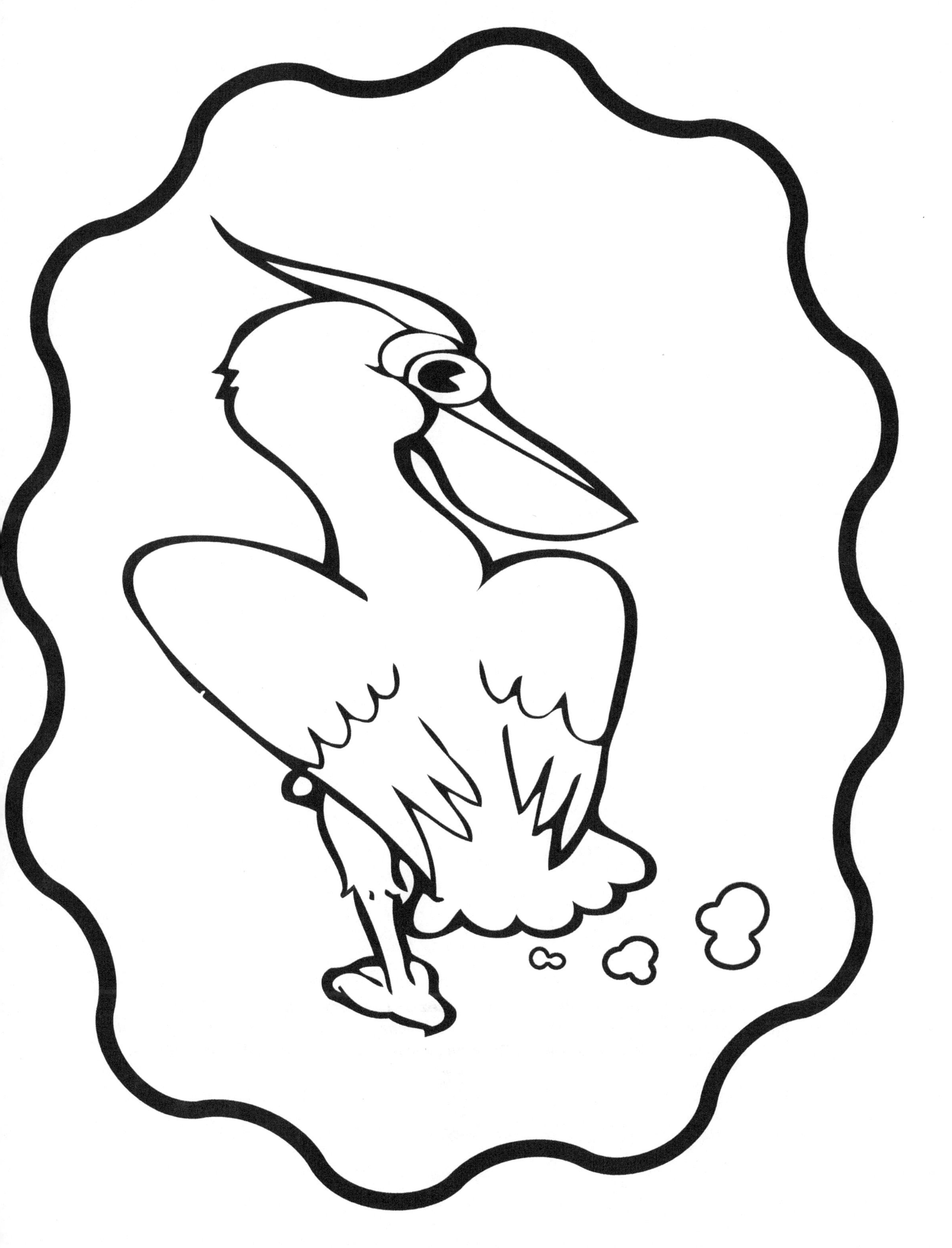

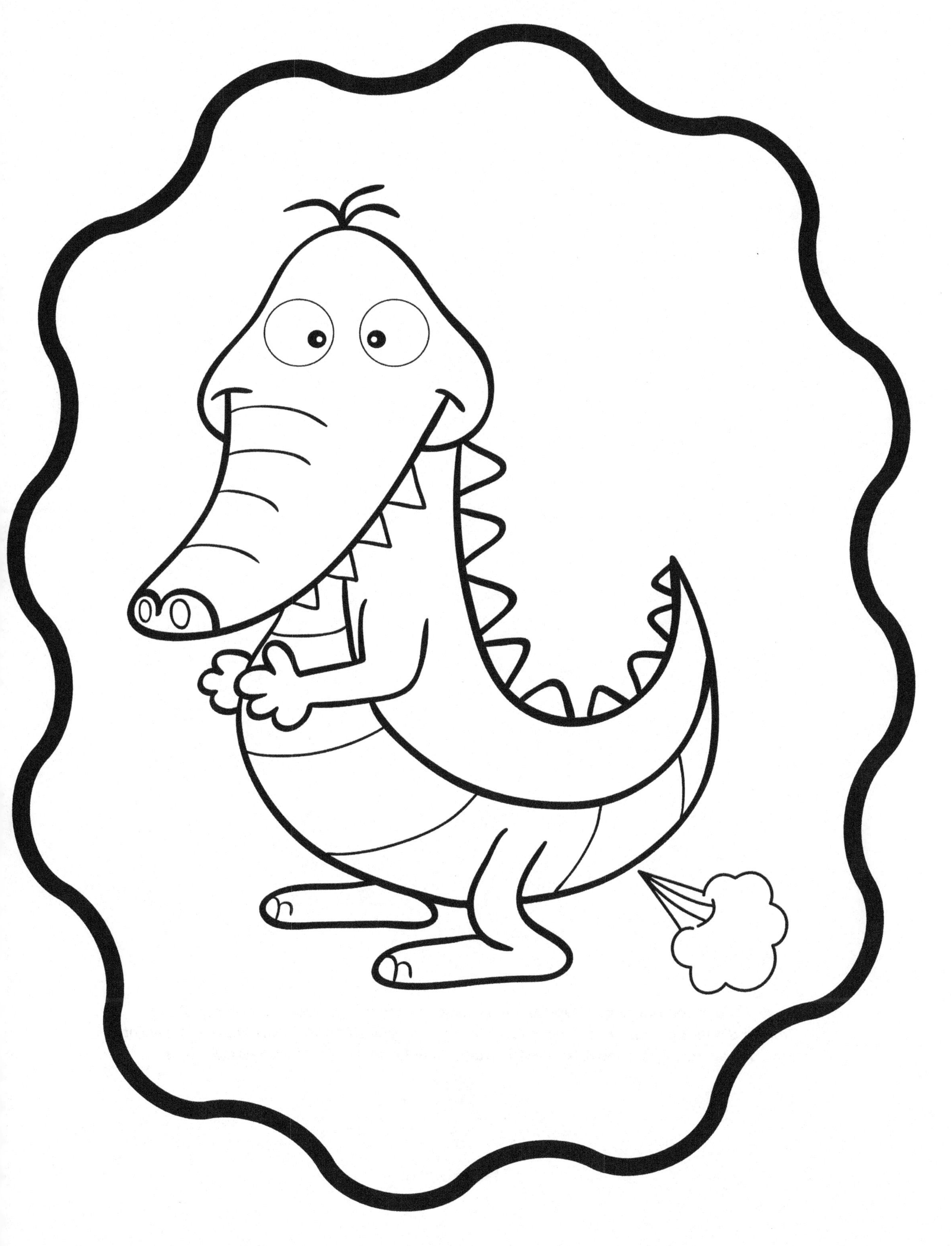

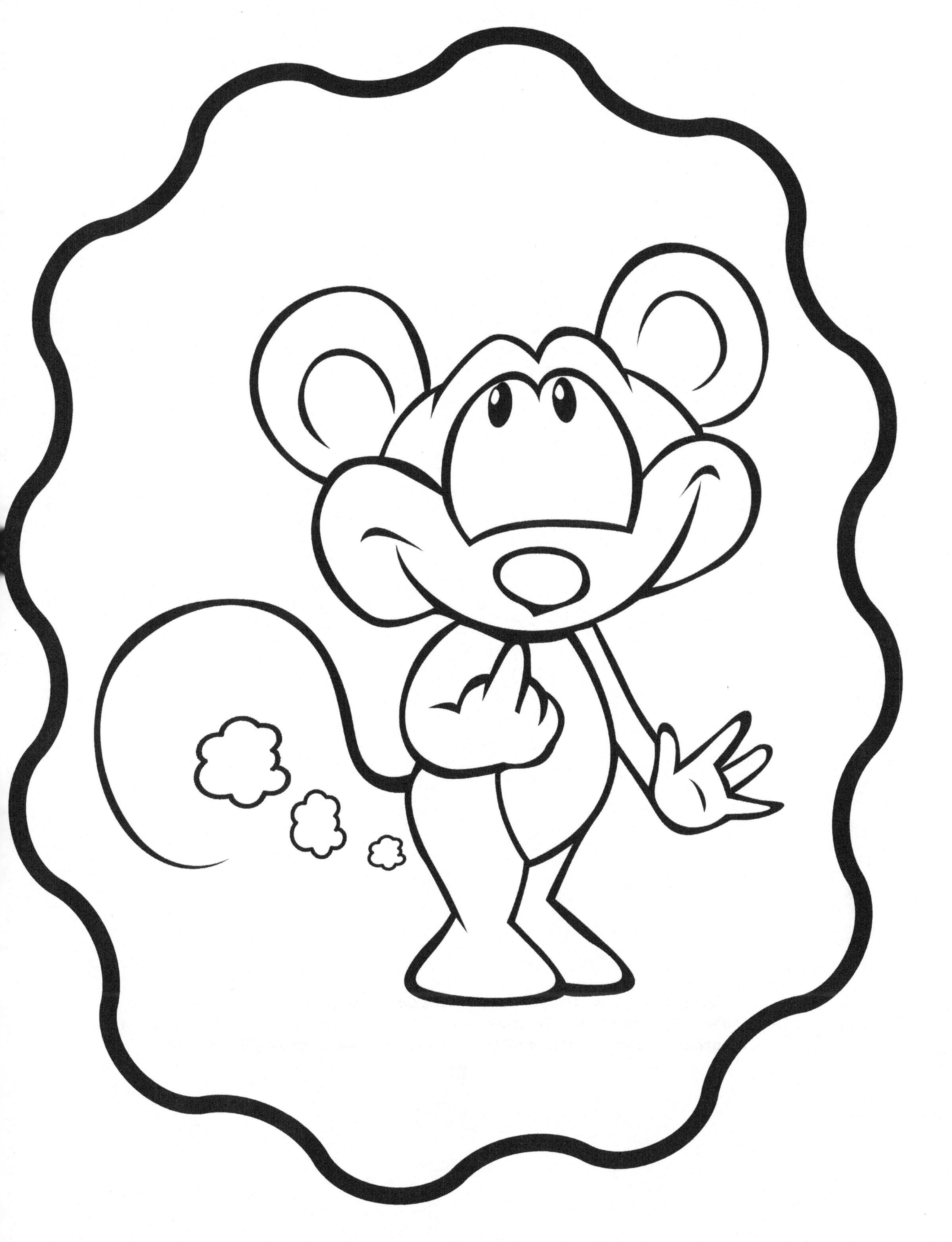

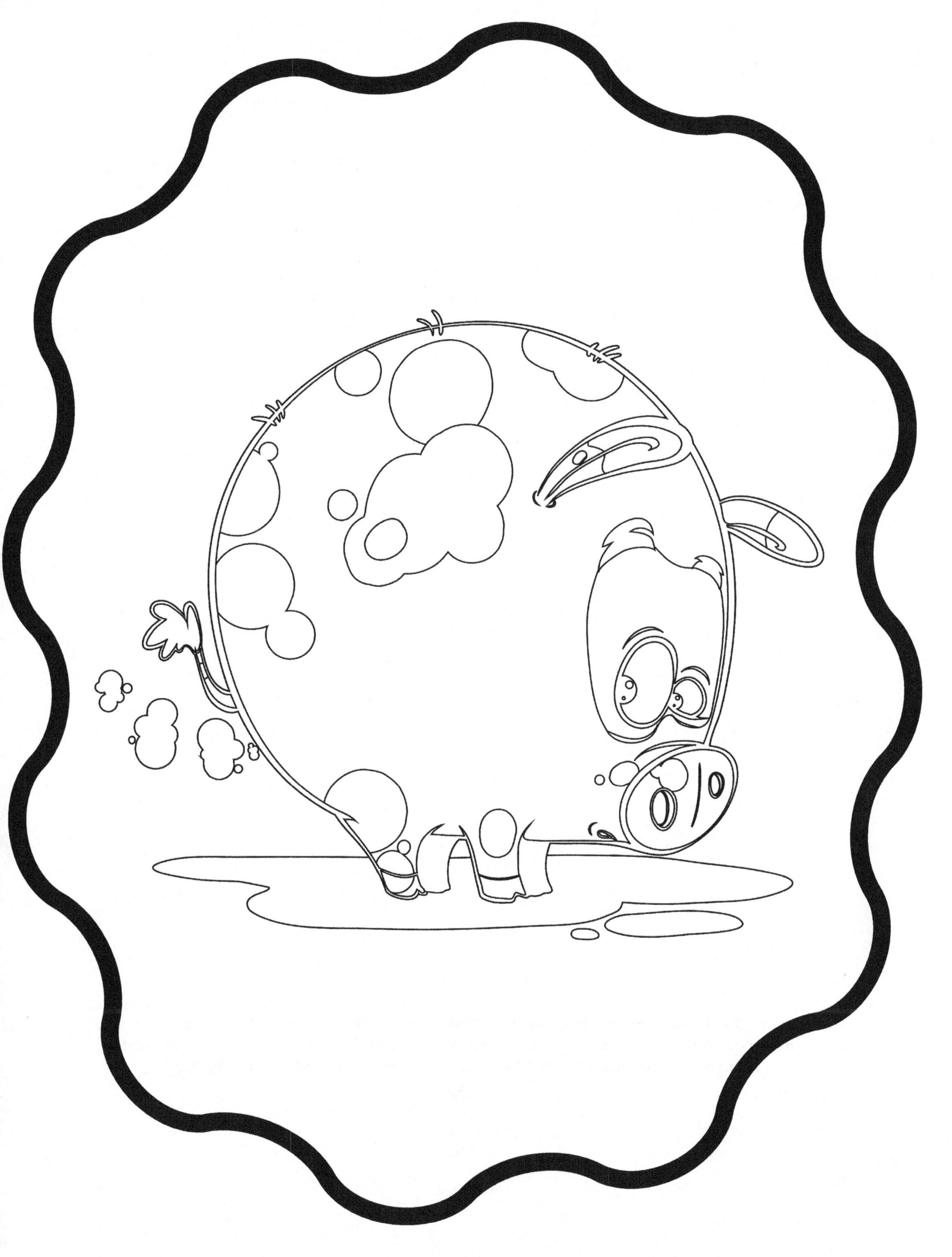

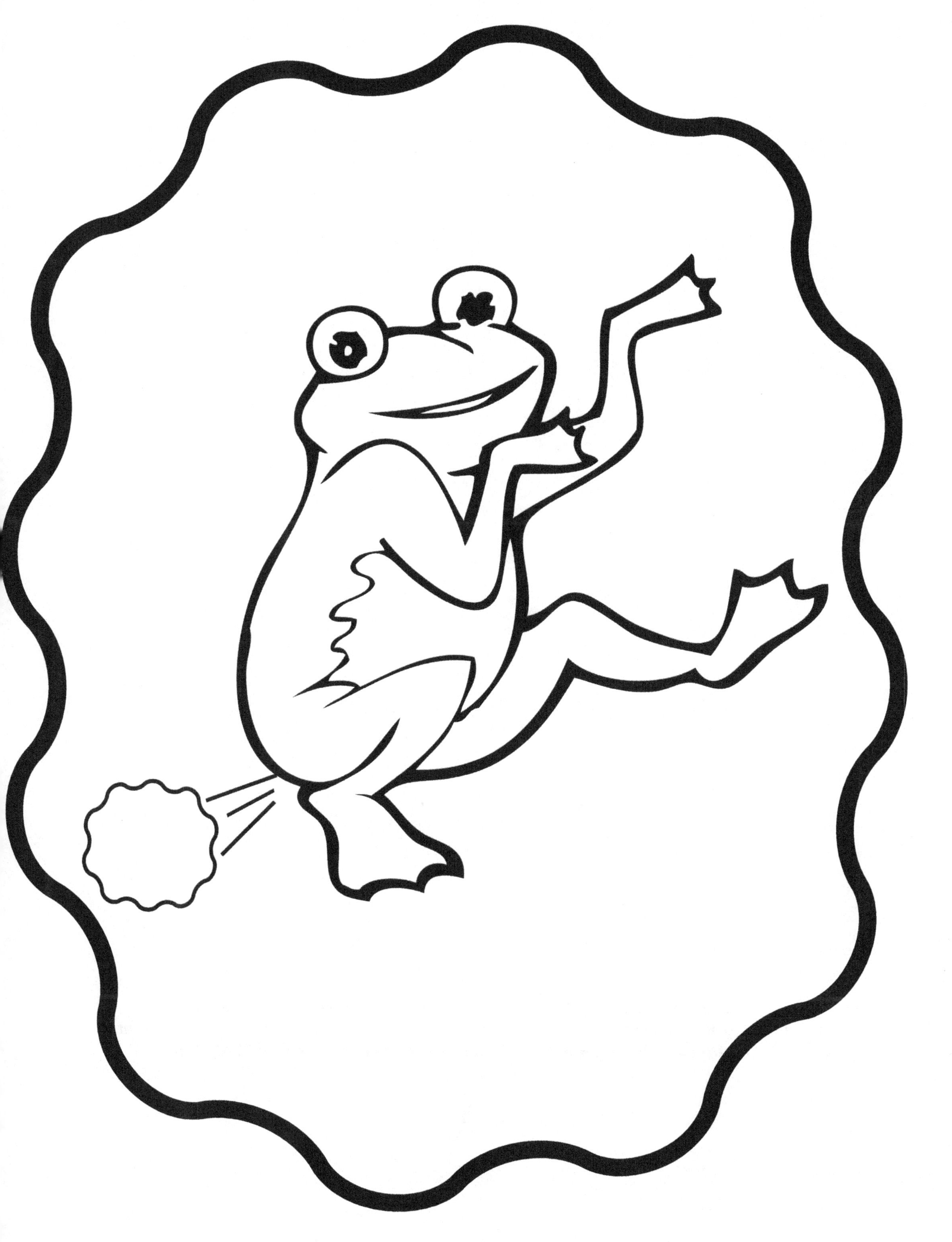

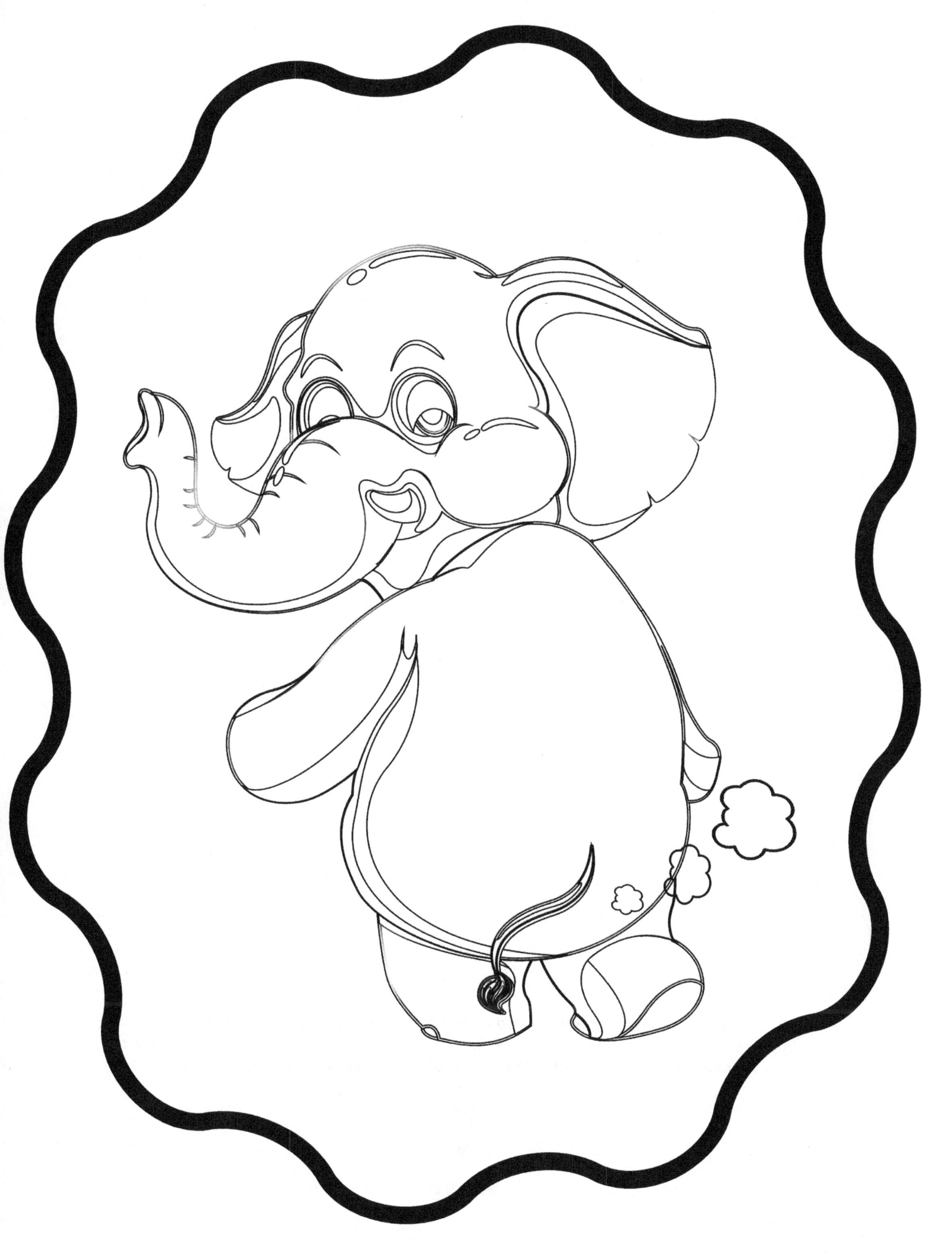

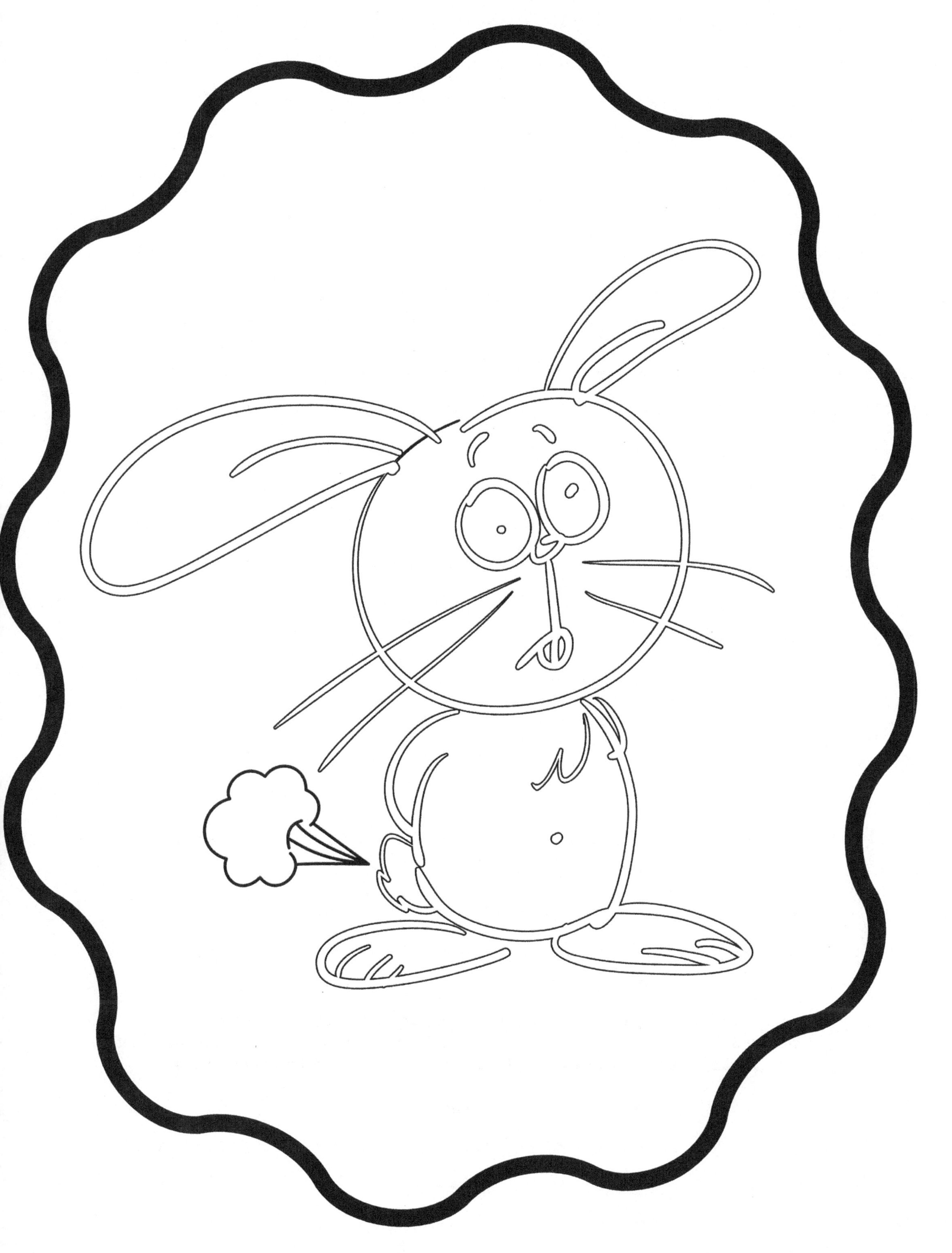

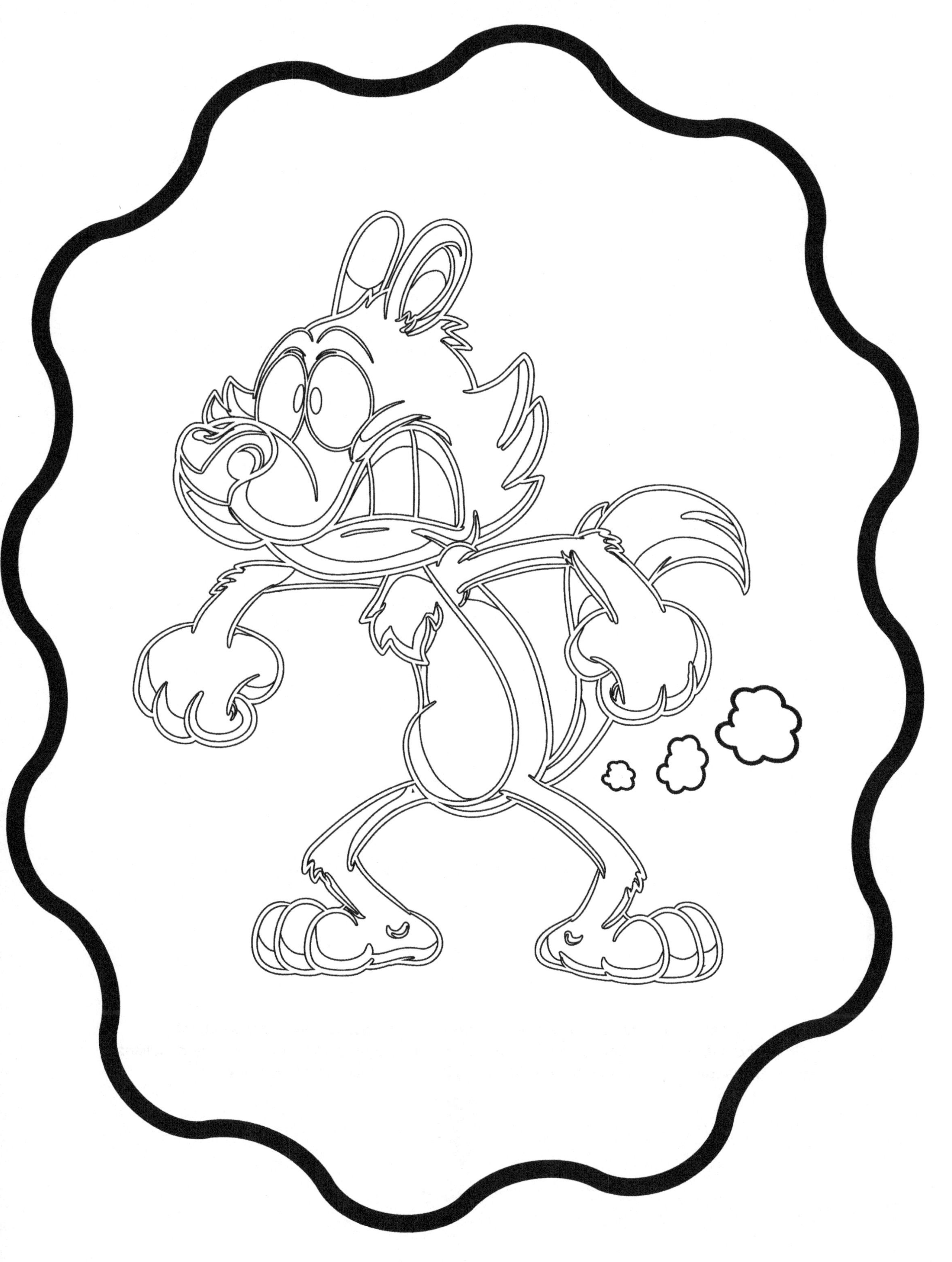

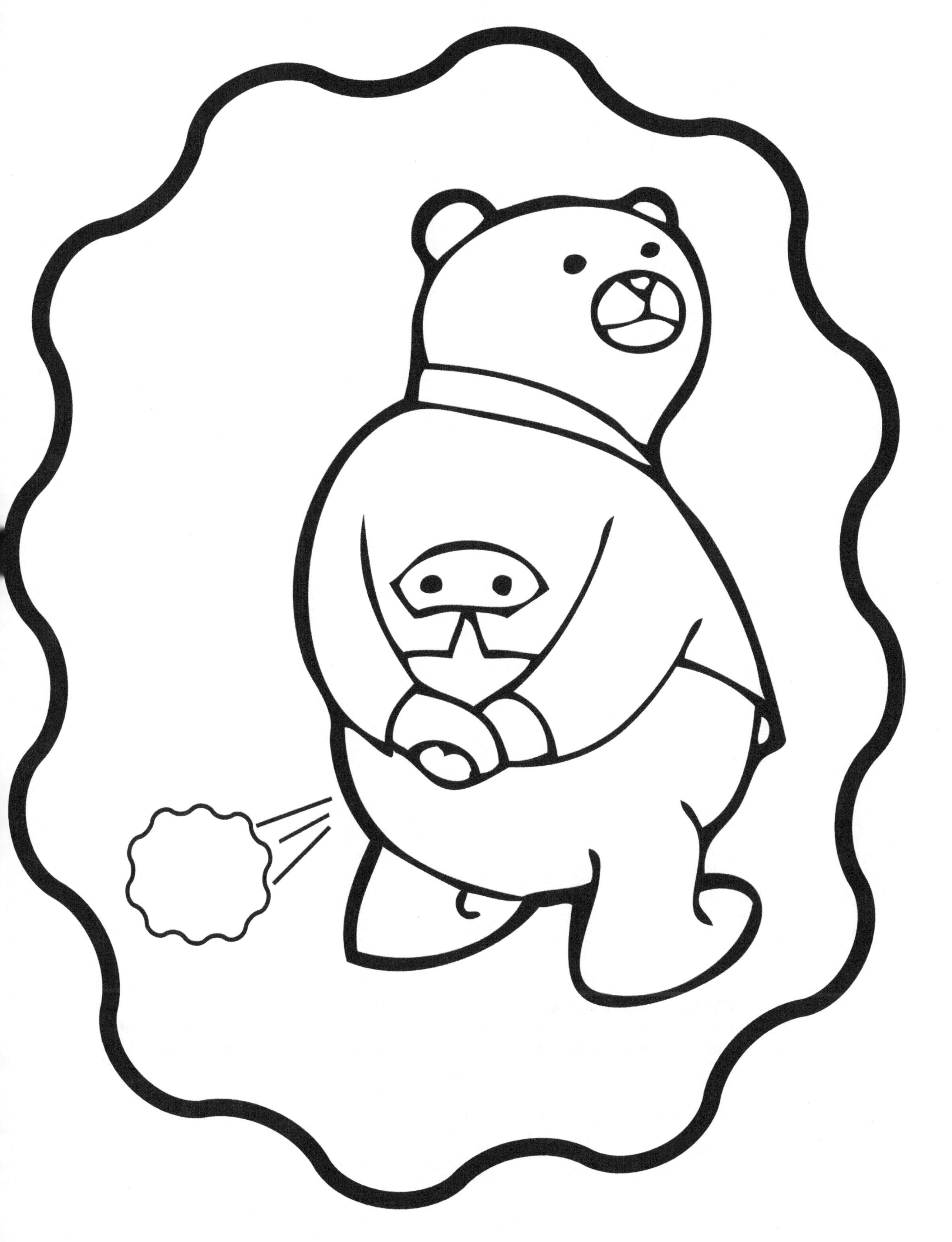

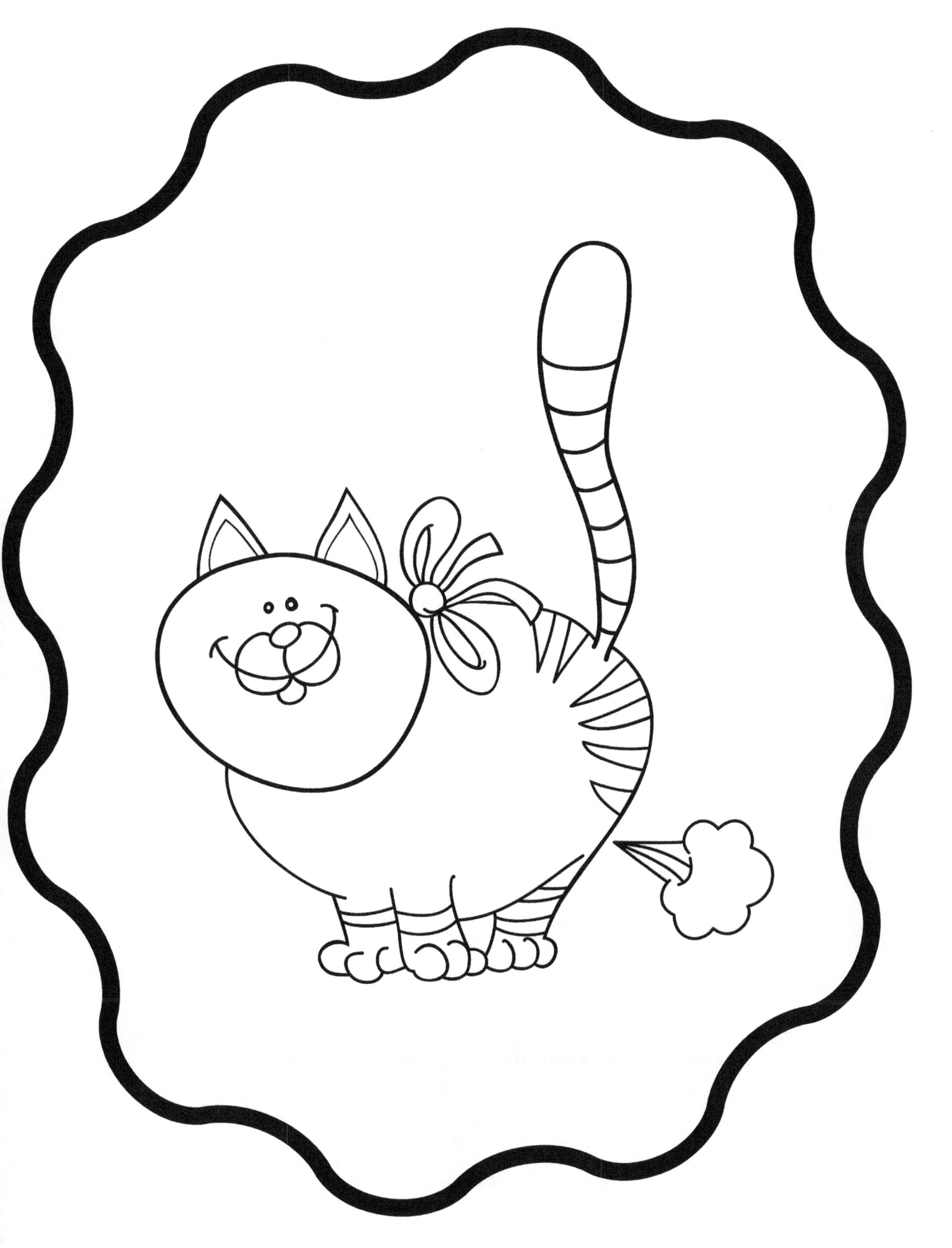

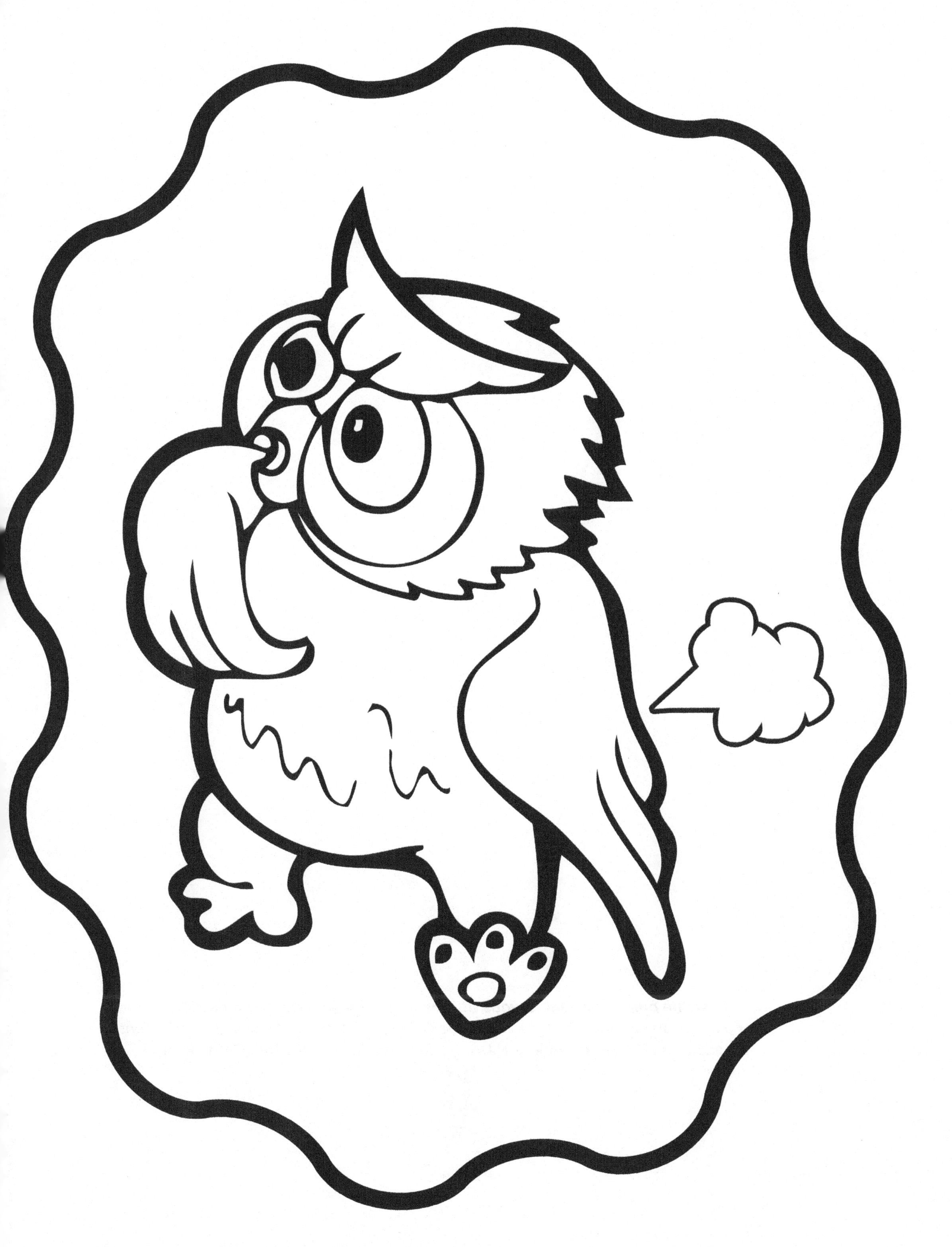

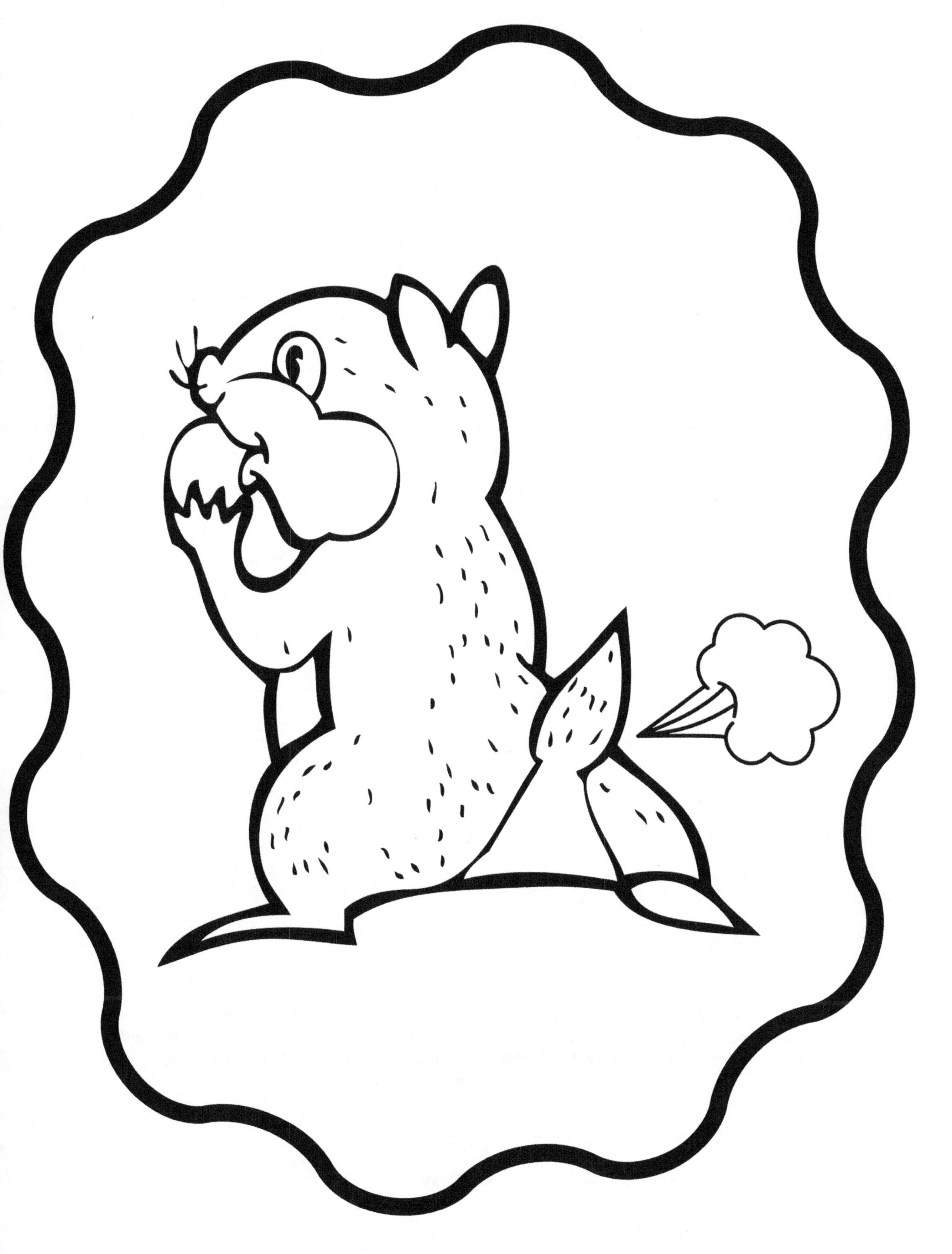

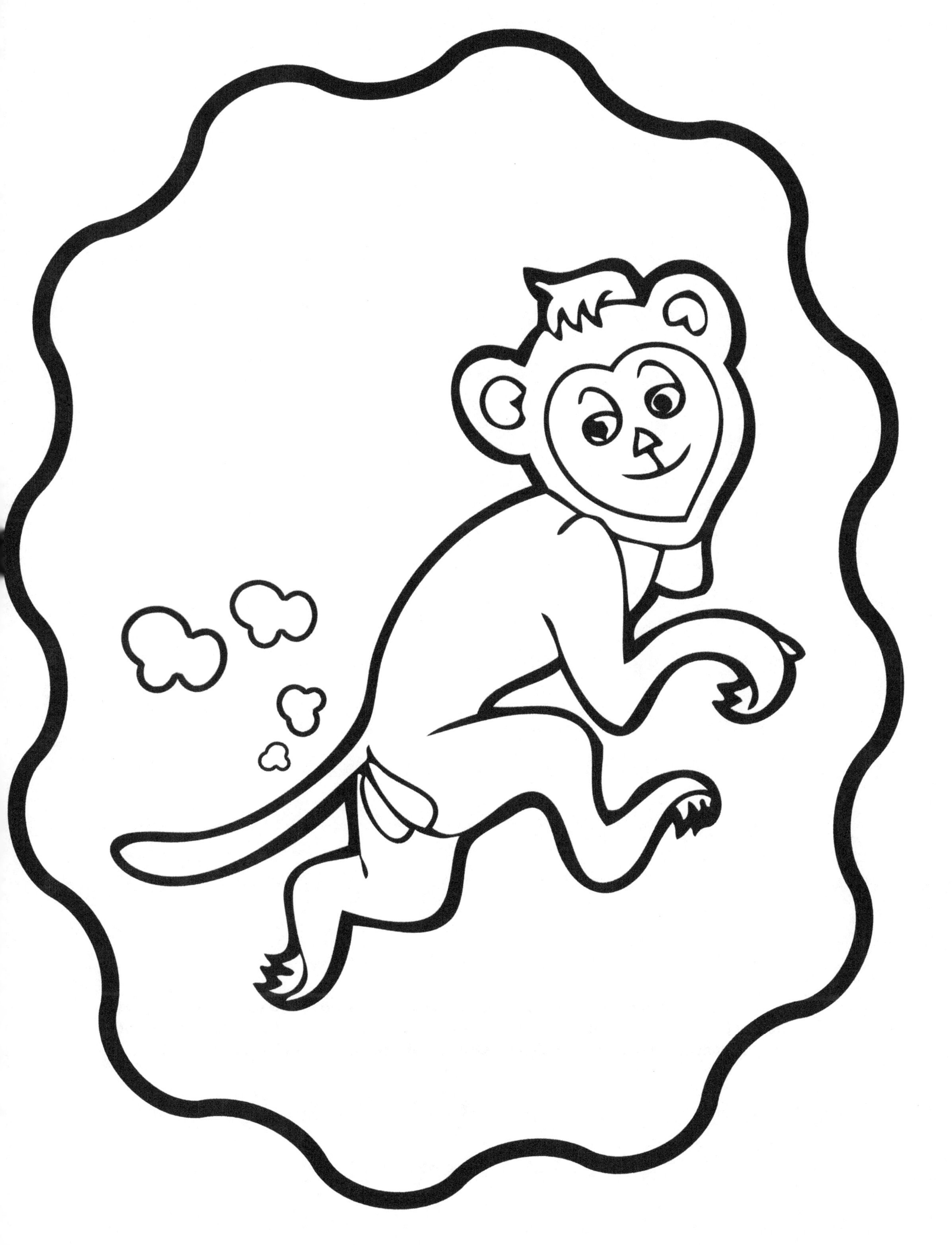

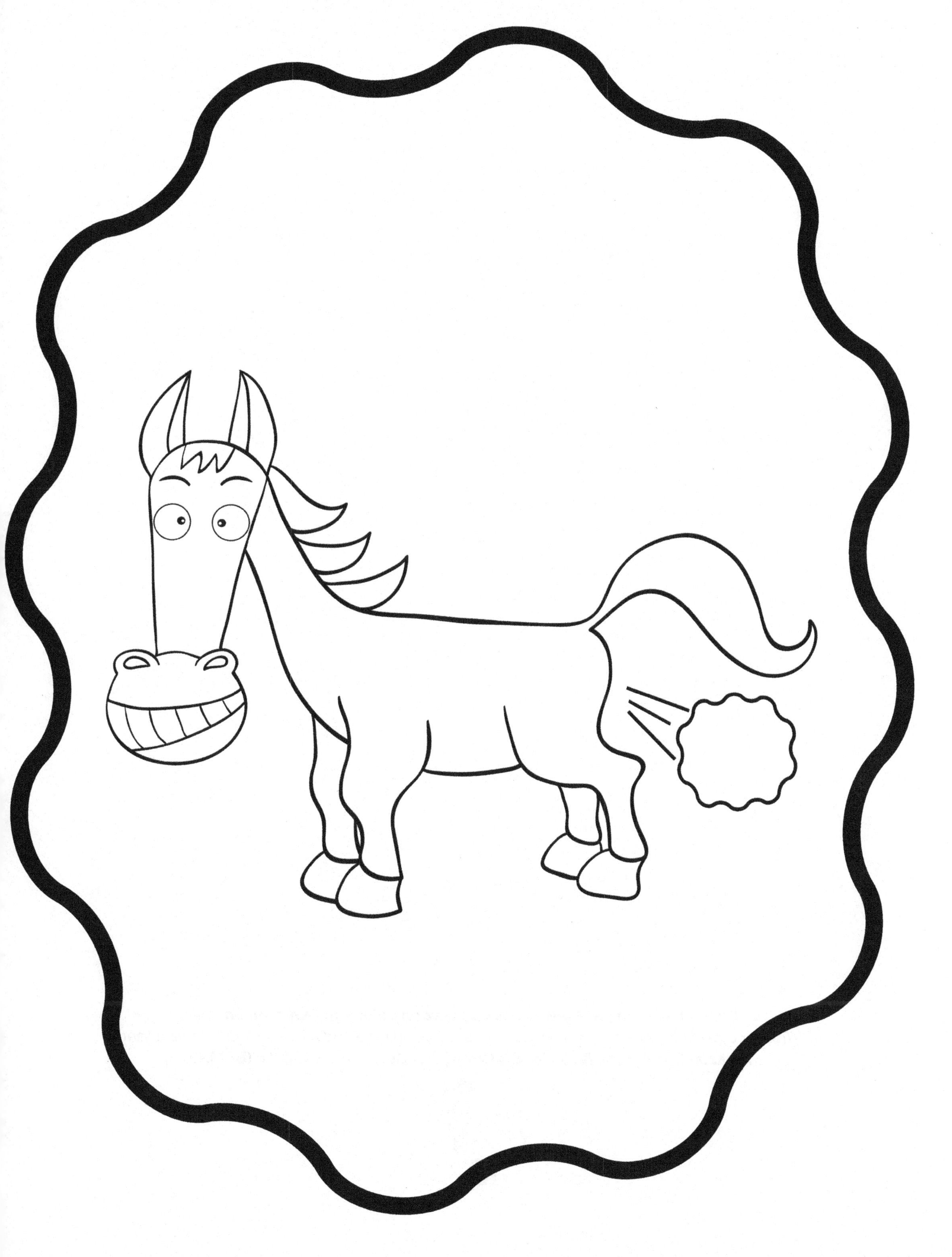

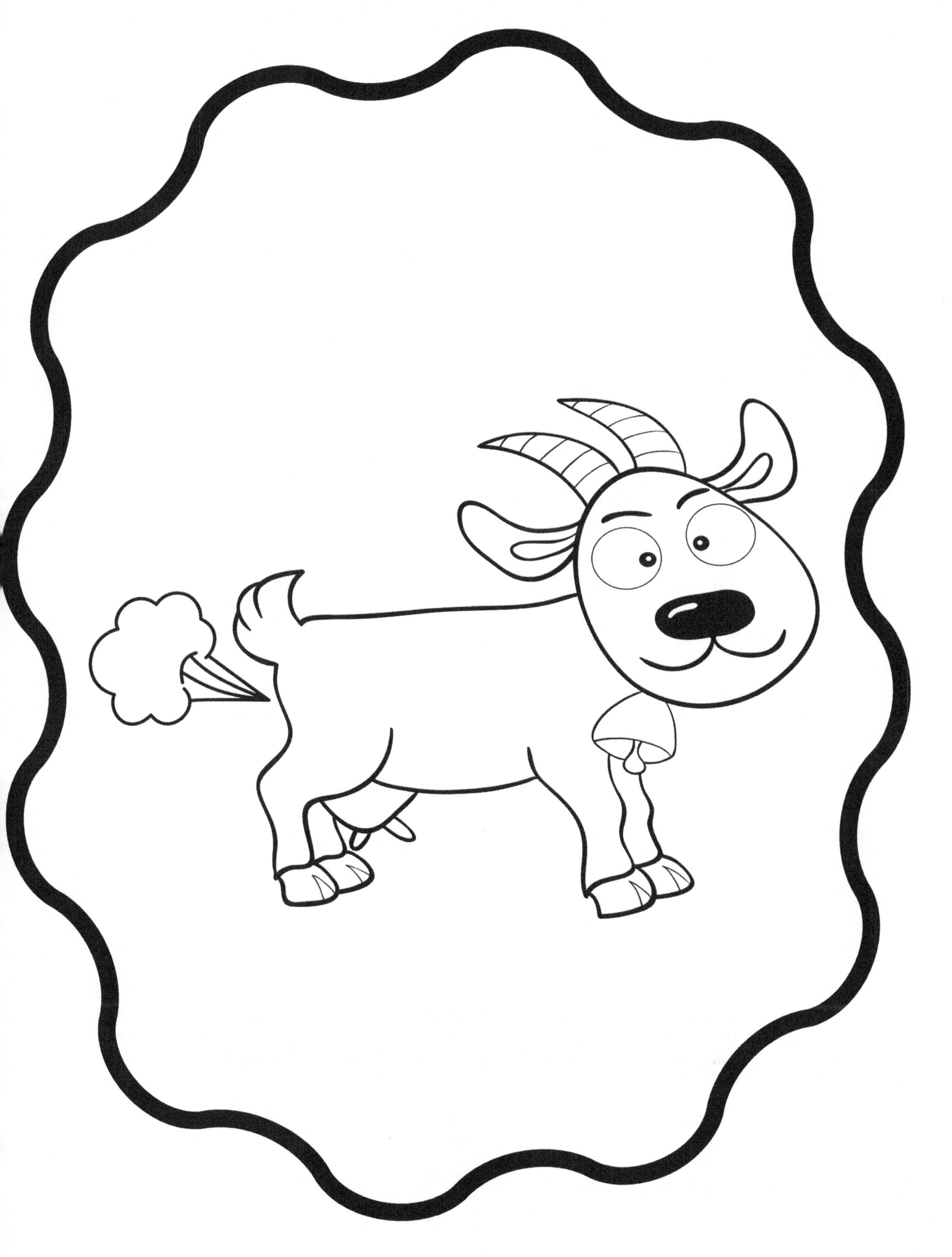

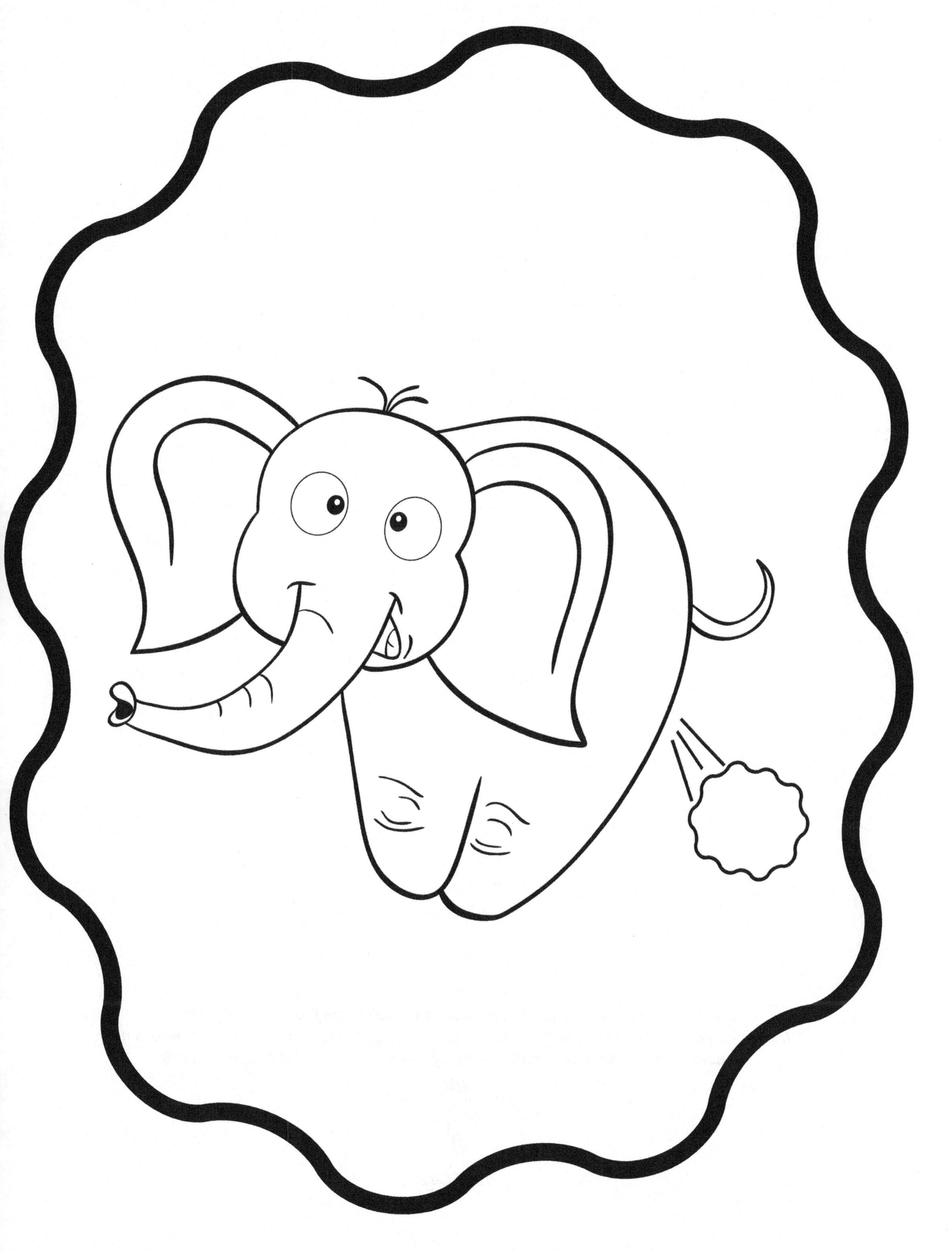

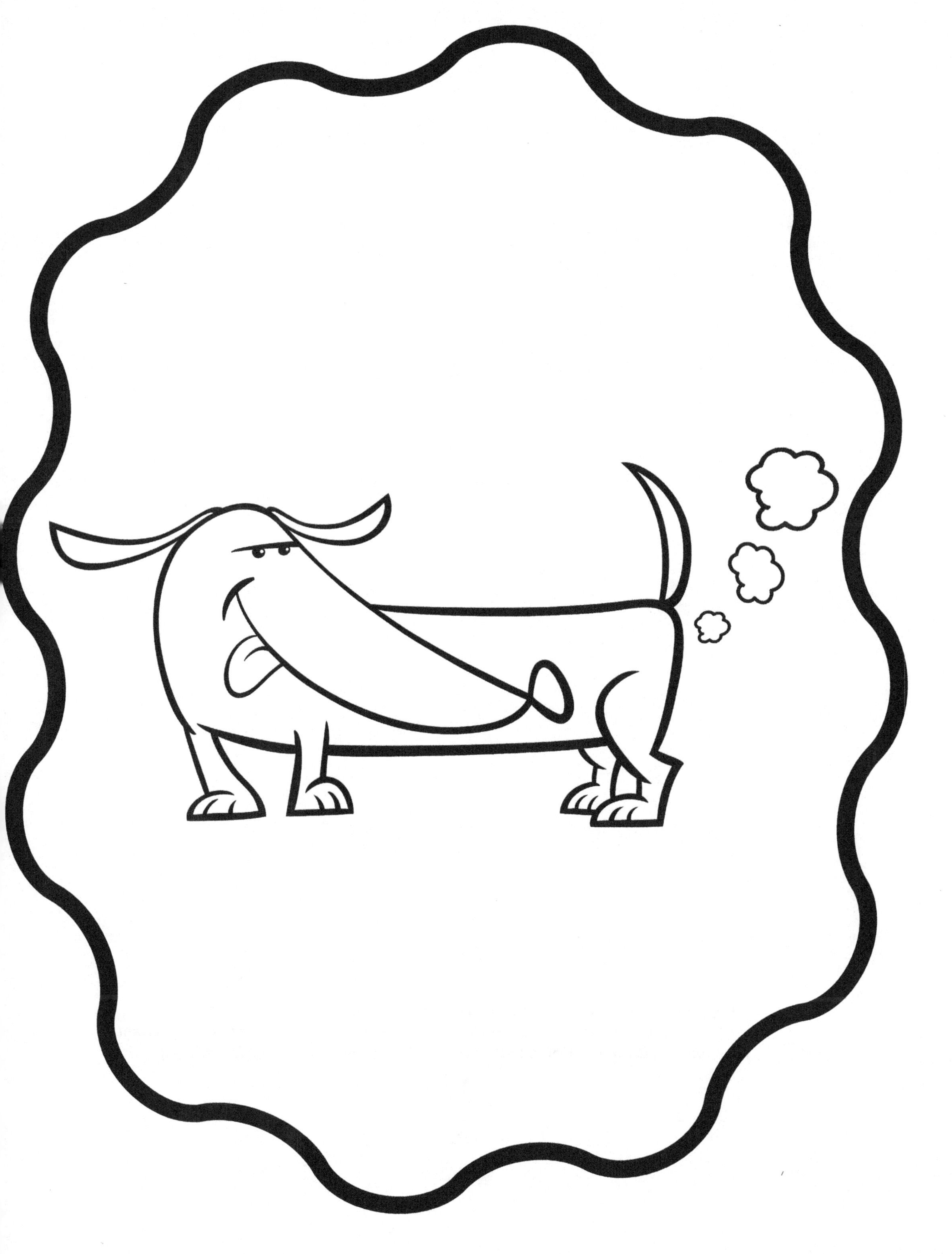

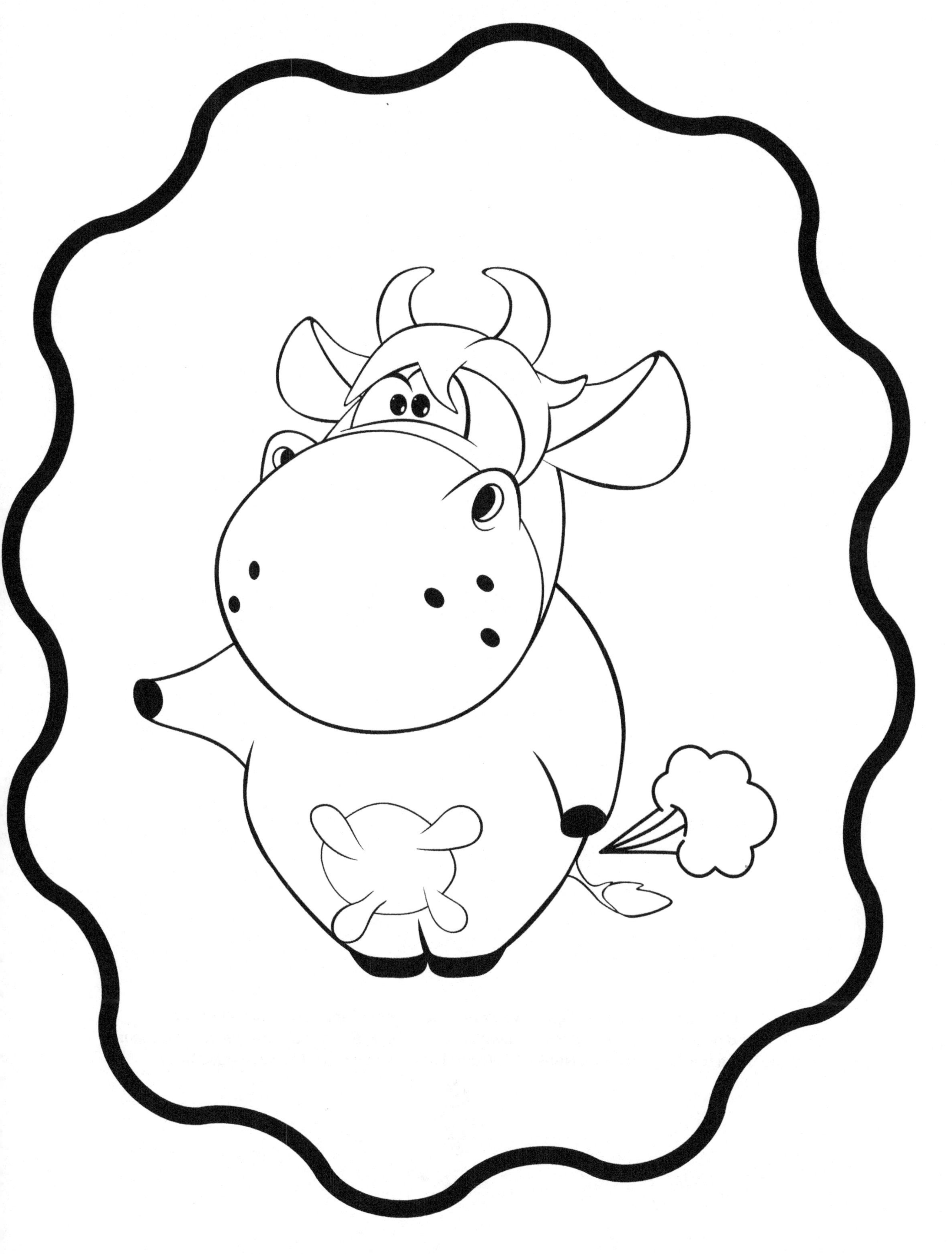

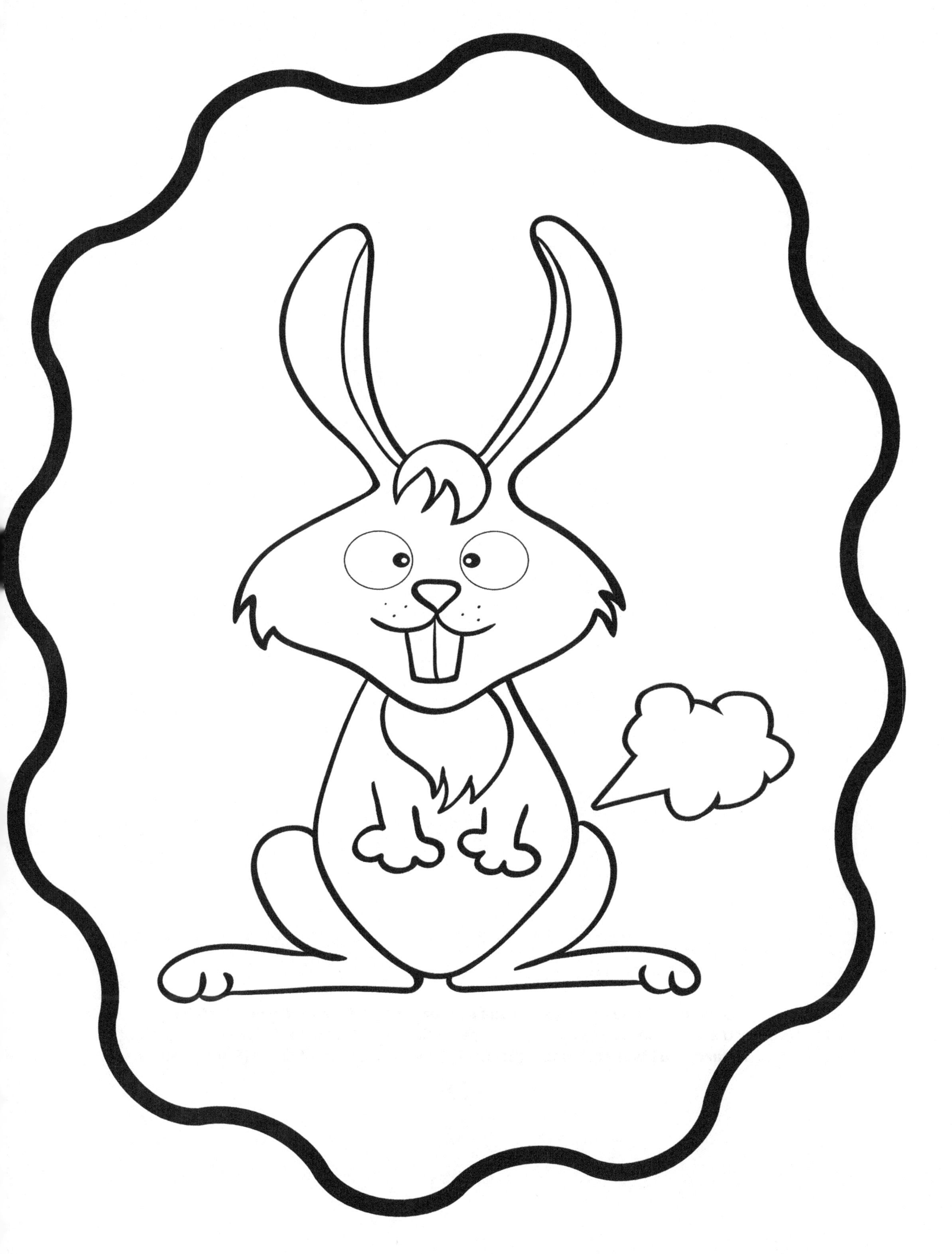

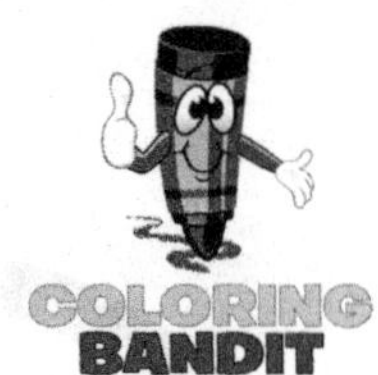

COLORING
BANDIT

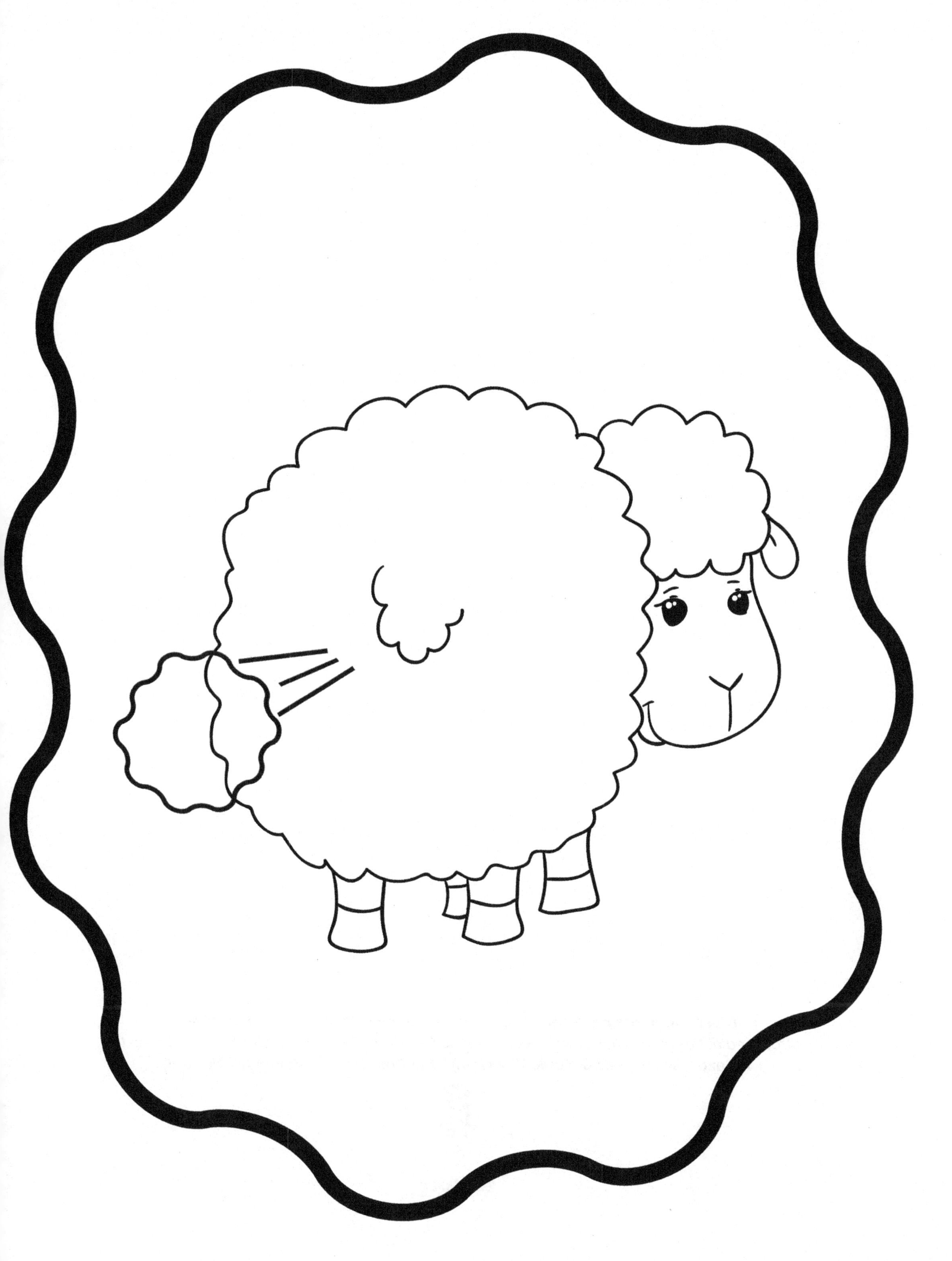

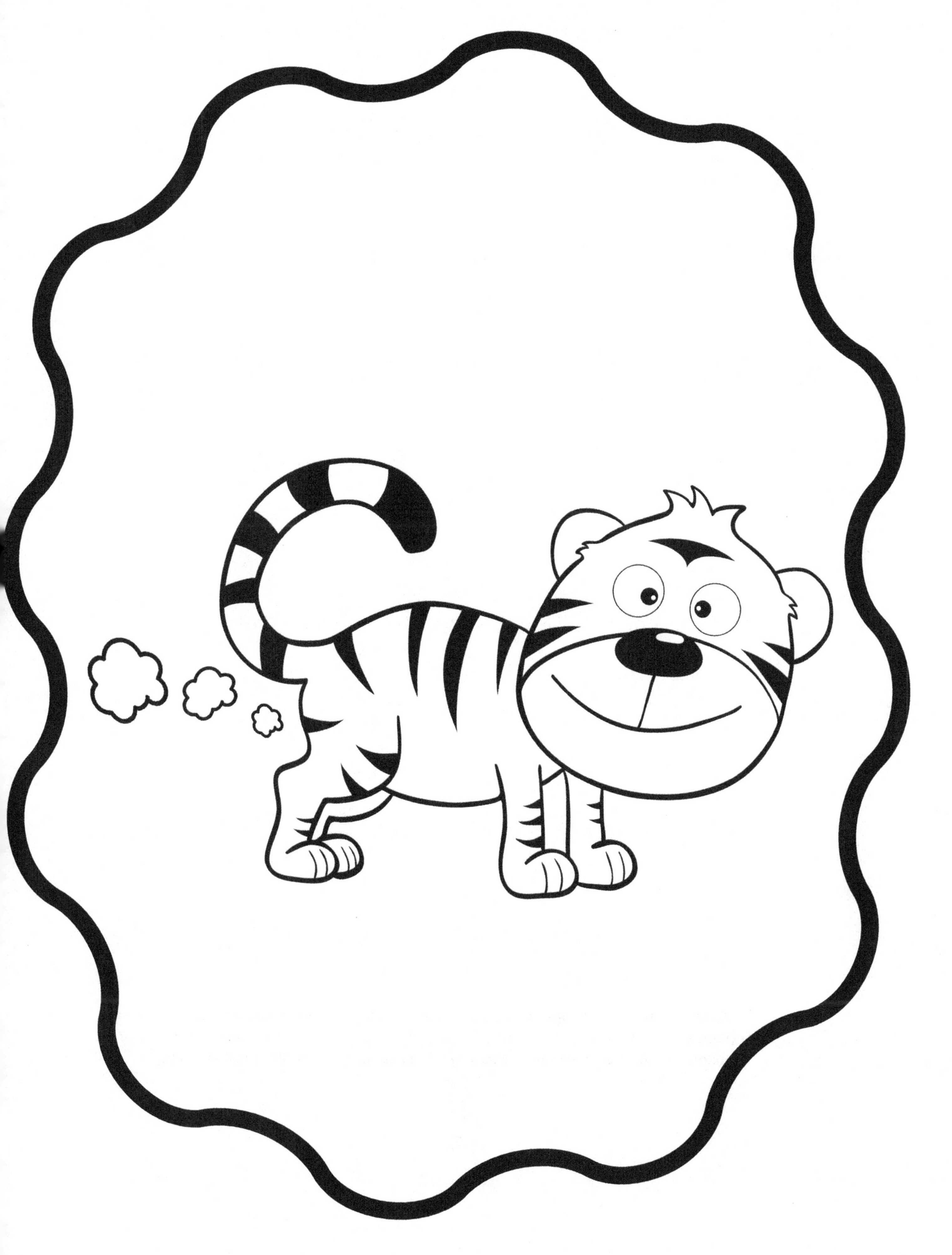

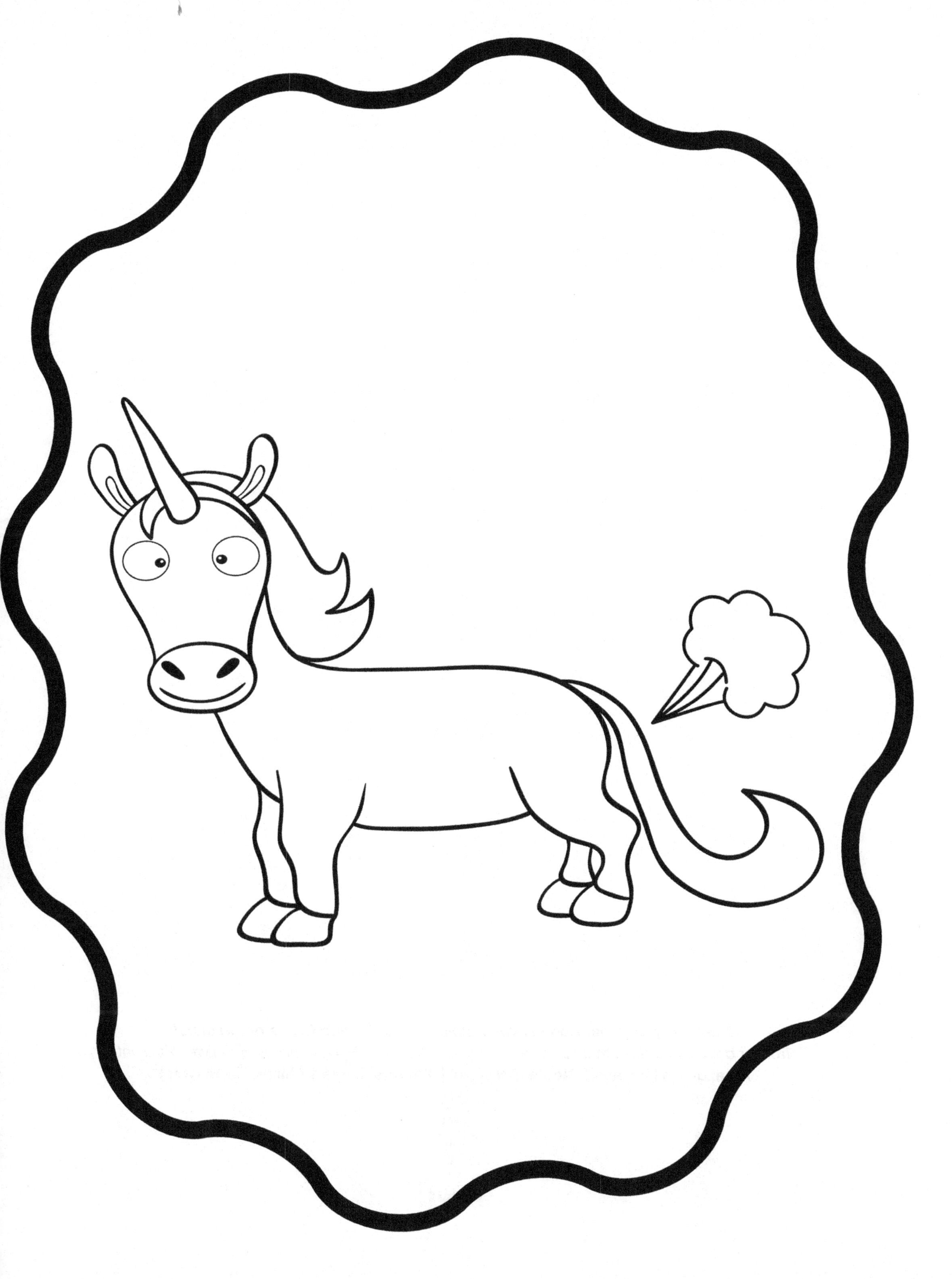

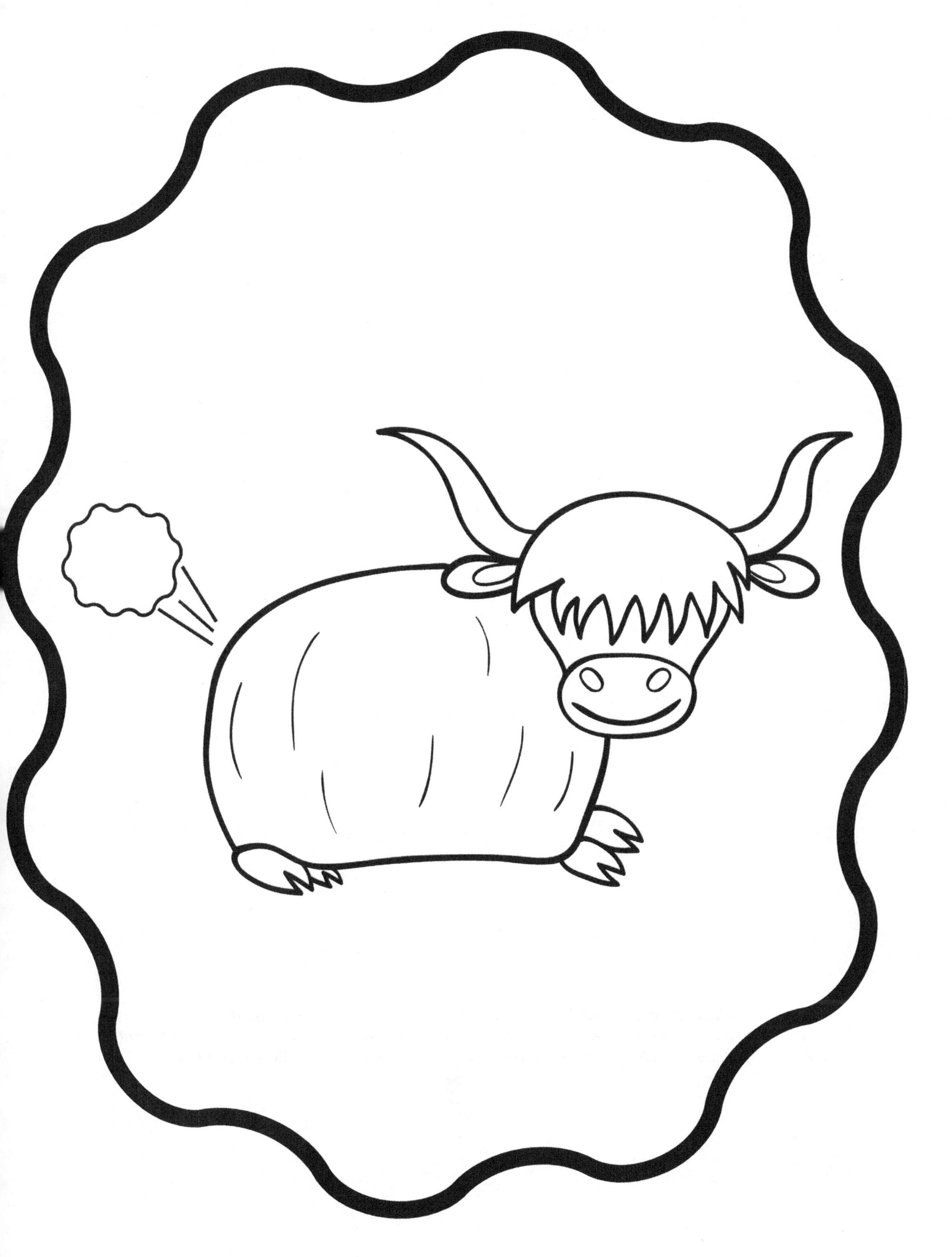

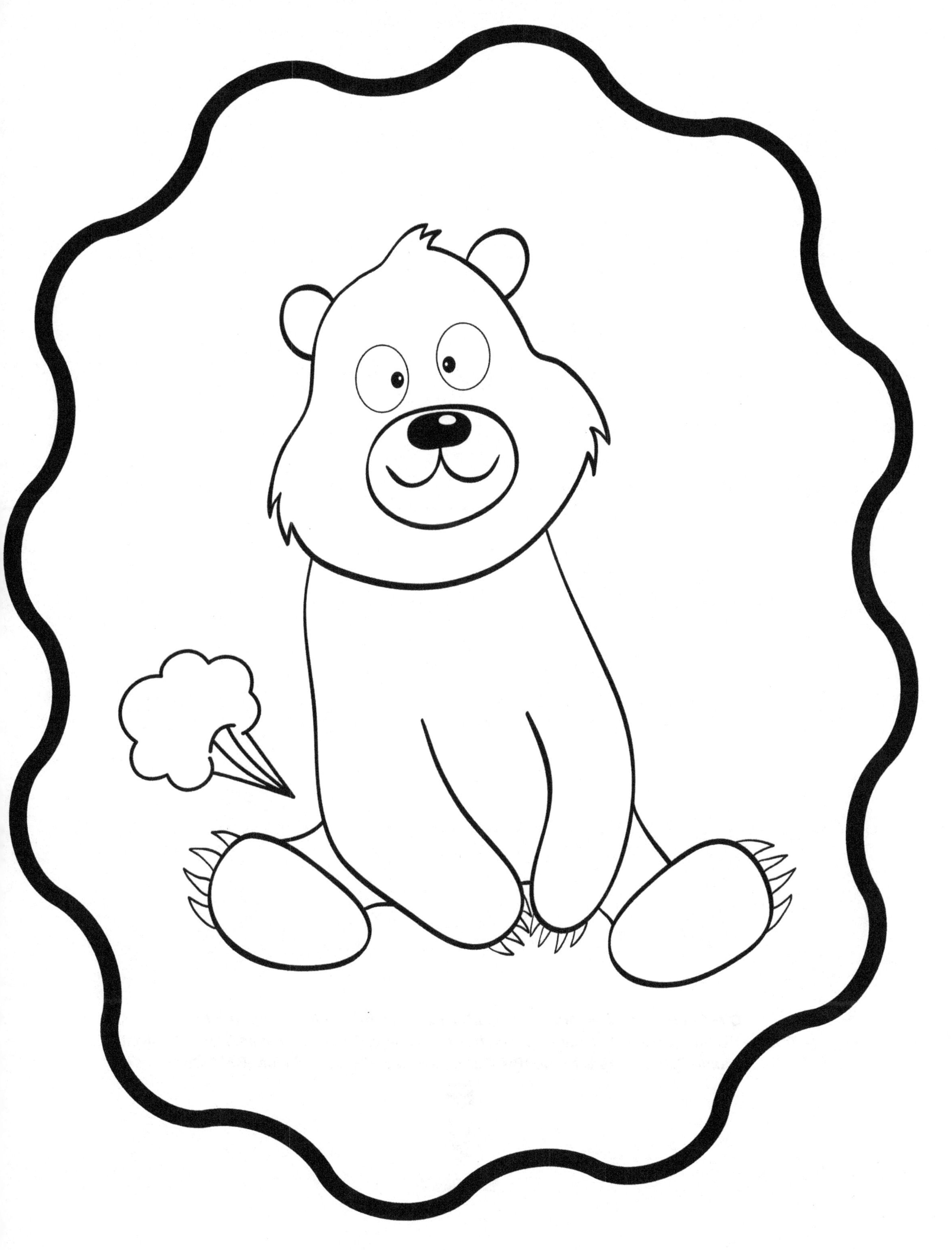

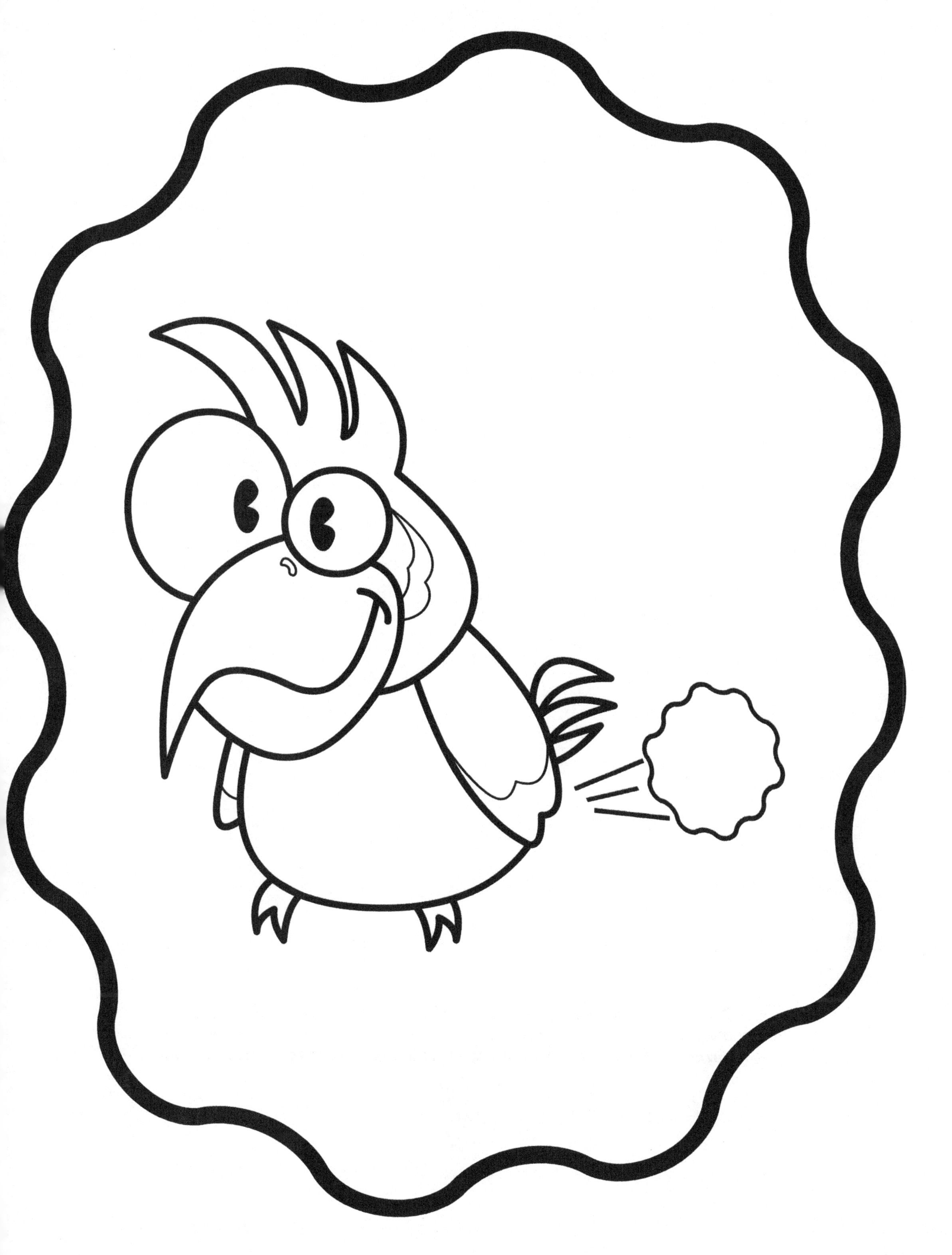

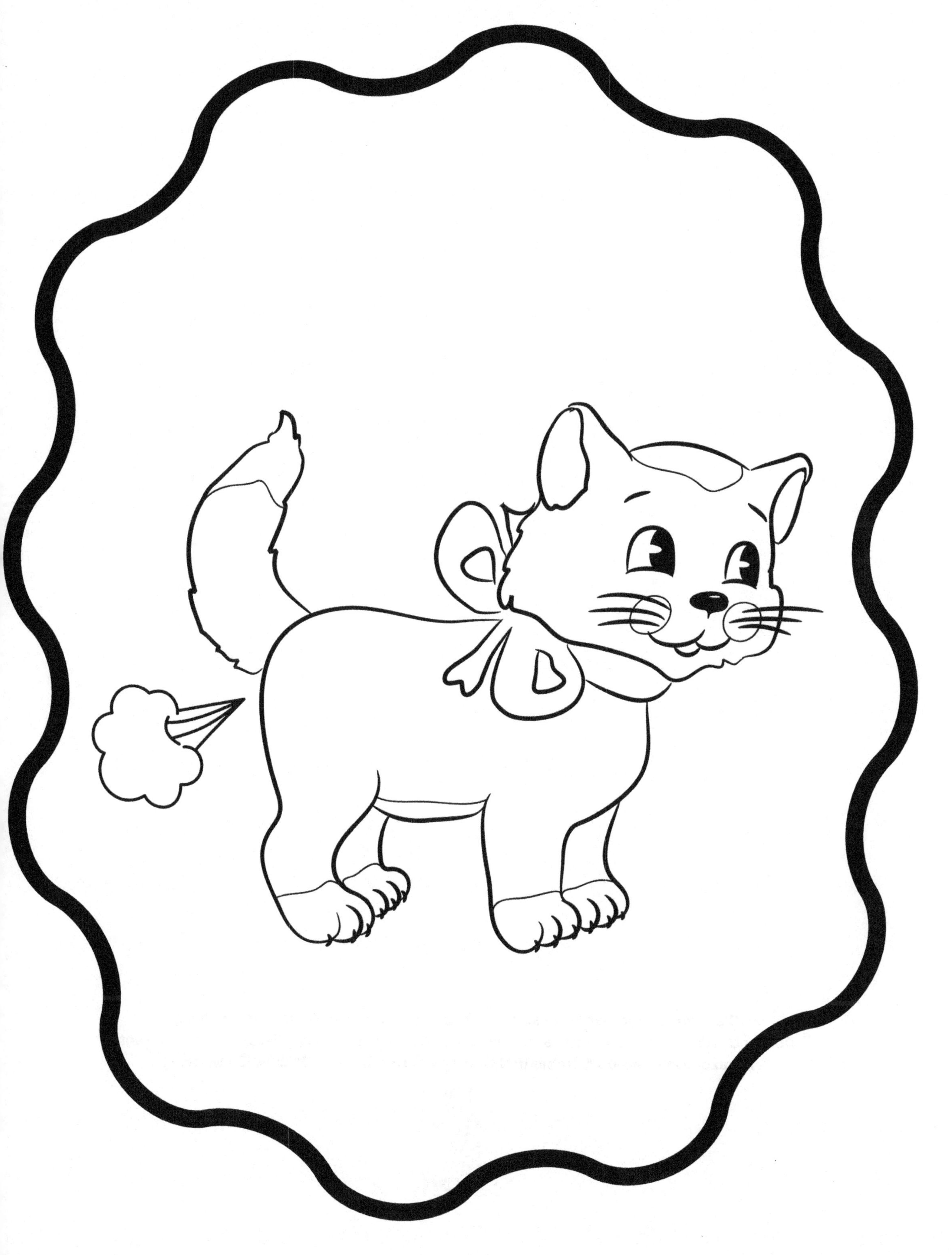

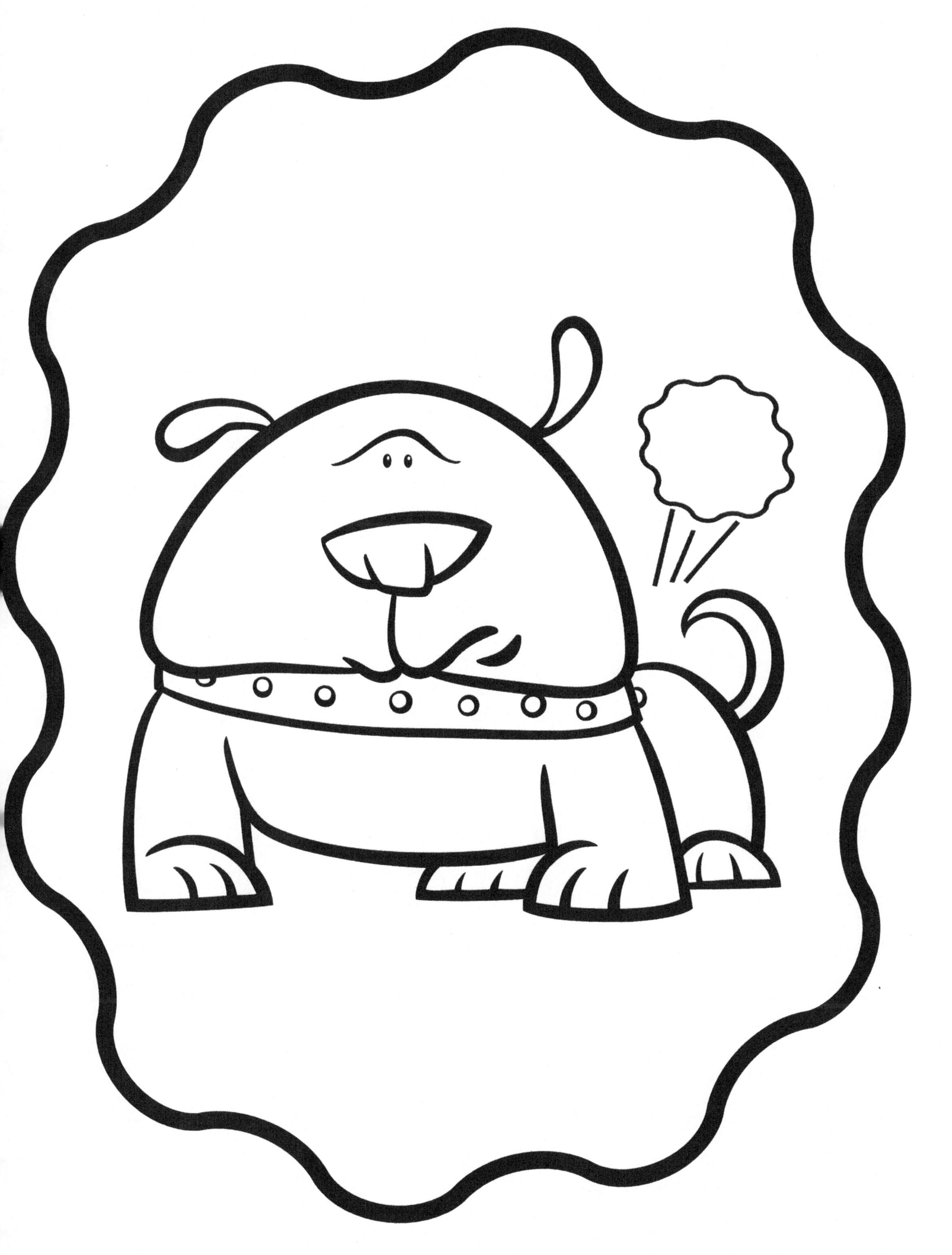

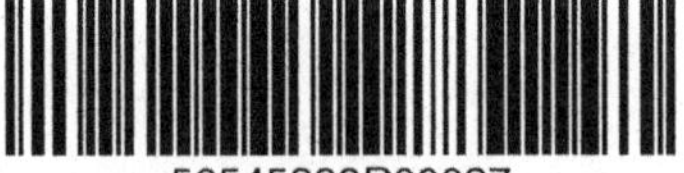